Martin Droschke

111 Kirchen in Franken, die man gesehen haben muss

111

emons:

Dieses Buch wurde mit einem Neustart-Stipendium gefördert.

NEU START KULTUR

VG WORT

Die Beauftragte der Bundesregierung
für Kultur und Medien

Bibliografische Information der Deutschen Nationalbibliothek
Die Deutsche Nationalbibliothek verzeichnet diese Publikation in der Deutschen Nationalbibliografie; detaillierte bibliografische Daten sind im Internet über http://dnb.d-nb.e abrufbar.

MIX
Papier | Fördert gute Waldnutzung
FSC® C083411
FSC www.fsc.org

Mit freundlicher Genehmigung der Katholischen Kirchenstiftung Dom-Neumünster
Gestaltung: Eva Kraskes, nach einem Konzept von Lübbeke | Naumann | Thoben
Kartografie: altancicek.design, www.altancicek.de
Kartenbasisinformationen aus Openstreetmap,
© OpenStreetMap-Mitwirkende, ODbL
Druck und Bindung: CPI – Clausen & Bosse, Leck
Printed in Germany 2022
ISBN 978-3-7408-1468-7

Unser Newsletter informiert Sie regelmäßig über Neues von emons:
Kostenlos bestellen unter
www.emons-verlag.de

Vorwort

Was für den einen mit absoluter Sicherheit ein Tropfen jenes Weins ist, den Jesus und die Apostel beim Letzten Abendmahl getrunken haben, halten andere für einen Dumme-Jungen-Streich oder eine dreiste Fälschung. Für wieder andere ist die Heilig-Blut-Reliquie in der gotischen Wandelhalle St. Jakobus in Rothenburg ob der Tauber einfach eklig. Und man kann nur sagen: Alle haben recht.

Franken ist tief im Glauben verwurzelt. Jahrhundertelang war der Gang zu den 111 Kirchen dieses Buchs für die Menschen – im Guten wie im Schlechten – prägend. Nur eine Generation trennt die alte Welt, in der der Sonntagsgottesdient Pflicht und das Wort des Pfarrers Gesetz war, von einer neuen Zeit, in der die Freiheit, zu glauben oder auch nicht, so normal ist wie die Frage eines Eisverkäufers nach Vanille oder Erdbeer. Die Vielzahl an Haltungen gegenüber Gott, seiner Nichtexistenz, den beiden großen Kirchen in Deutschland, ihren Leistungen und Verfehlungen macht es nicht ganz leicht, ein Buch zu schreiben, das mehr als eine Liste der 111 kunsthistorisch wertvollsten Gebetsstätten in Franken sein will. Gesucht wurde nach Schauplätzen, die einen schönen Ausflugstag bereiten und gleichzeitig alle Facetten des Glaubens und seiner wechselvollen Geschichte repräsentieren, von der mit Reichtum überhäuften Adelstöchter-Bewahranstalt bis hin zu den geradezu anarchistischen Rüssenbachern, die das Kirchenbauverbot der NS-Zeit umgingen, indem sie offiziell eine Maschinenhalle errichteten.

Mir selbst wird insbesondere jener Tag unvergessen bleiben, an dem ich mit einem Pfarrer gut zehn Gotteshäuser besuchte, wobei wir es uns gönnten, uns in streitbarer Harmonie freundlich, ja freundschaftlich am konkreten Objekt abzuarbeiten. Für mich war es ein Tag gelebte Utopie. Könnten sich Gläubige und Nichtgläubige darüber einig werden, dass das oft ja auch mit großen Summen öffentlicher Gelder instand gehaltene Kulturerbe allen gehören soll, die sich dafür begeistern – allen in ihrem Sinne offensteht?

111 Kirchen

1 Abtei- und Hofkirche

Noch immer in Volk und Klerus getrennt

Ihr Stolz muss raumgreifend gewesen sein, als die Benediktiner von Amorbach 1734 auf jene 1.000 Jahre anstießen, in denen sie aus dem Dschungel des Odenwalds ein wohlgeordnetes Hinterland des Bistums Mainz geformt hatten. Ahnten sie, dass sich das laue Lüftchen der Aufklärung, welches bereits von Frankreich herüberwehte, bald zu einem Sturm auswachsen sollte? Wohl nicht. Denn sonst hätten sie nicht 1742 ihr Gotteshaus und im Anschluss den weitläufigen Klostertrakt in ein Schatzhaus des Rokoko verwandeln lassen. Die Arbeiten dauerten bis 1786. 17 Jahre später: Die katholische Abteikirche St. Maria ist jetzt die evangelische Hofkirche des Fürsten zu Leiningen, dem man das Kloster Amorbach als Entschädigung für seine jetzt französischen Lande links des Rheins überschrieben hat.

Jeder, der das Meisterstück des Freskenmalers Matthäus Günther und zweier Wessobrunner Stukkateure betritt, wird spätestens in diesem Moment die nicht ganz unproblematische Behauptung abnicken, dass die Säkularisation letztendlich doch ein Segen war. Sie ist der Grund, dass die Ausstattung dem Stand des katholischen Ritus von 1803 entspricht. Die Fürsten des nach drei Jahren wieder eliminierten Kleinstaats hatten genug damit zu tun, ihr Hab und Gut durch die Wirren des 19. Jahrhunderts zu manövrieren.

Wuchtig, unüberwindbar, beinahe blickdicht – quer durch die strahlend helle, verspielt dekorierte Kirche zieht sich noch immer ein kunstvoll geschmiedetes Gitter. Ein Lettner. Wie es in Abteikirchen teils bis in die 1960er üblich war, trennt er den Raum in zwei Bereiche. Auf der einen, der erhöhten Seite, die nur die Klosterbrüder betreten durften: der in die Länge gezogene Chor mit dem Altar. Nur die Mönche bekamen wirklich mit, was während der auf Latein gehaltenen Messe geschah. Die zur Anwesenheit und zum Mitsingen der liturgischen Lieder verpflichteten Amorbacher: ausgesperrt.

Adresse Abtei Amorbach, Schlossplatz 1, 63916 Amorbach, www.fuerst-leiningen.de | Öffnungszeiten Kirche und Kloster (Führungen) täglich 11 – 13 und 13.30 – 16 Uhr, Konfession: evangelisch, Gottesdienst: Mi 18.30 Uhr Andacht mit Orgelspiel | Tipp Ebenfalls aus der Mitte des 18. Jahrhunderts stammt Amorbachs Pfarrkirche St. Gangolf, sie ersetzte einen gotischen Vorgängerbau.

2 Kapelle Amorsbrunn

Ein Idyll zum Kinderkriegen

Eine Quelle, deren kühles Nass das Wunder vollbringt, unfruchtbaren Frauen die Schande zu ersparen, keinen Erben zustande zu bringen – so etwas hat wahrlich nicht jeder! Sie entspringt direkt unter einer Kapelle, die geschichtsträchtiger nicht sein könnte. Bereits die Römer baten an ihrem Standort, einem breiten Talgrund rund einen Kilometer nordwestlich des Städtchens Amorbach, Nixen um Beistand. In einem Heiligtum, das sie einem germanischen Kultplatz übergestülpt hatten. 714, so die Legende, setzte der Wandermönch Pirmin dem Ganzen eine hölzerne Kapelle auf – das Startsignal zur Christianisierung des Odenwalds.

Es hängt von der eigenen inneren Verfasstheit ab, ob man das kleine Gotteshaus, das zuletzt im 16. Jahrhundert erneuert wurde und dem später ein Bade- und Tauchbassin zur Seite gestellt wurde, als den verwunschensten Picknickplatz Frankens betrachten mag, als einen Kraftort oder als den baulichen Beweis, dass der Herrgott niemanden im Stich lässt. Erlegen ist der Aura des Miniatur-Heilbads noch jeder. Lediglich als Treffpunkt Jugendlicher erscheint das Fruchtbarkeits-Idyll nicht zweckdienlich.

Im Boden der Kapelle gibt es noch heute das Loch, durch das man früher das Wunderwasser schöpfte. Kaiserin Maria Theresia hat dies zwar nicht gekostet, weil sie aber in Amorsbrunn Gottesdienste finanzierte, sind ihre 16 Kinder dennoch auf die Quelle zurückzuführen. Mit Sicherheit eine Erfindung des 15. Jahrhunderts sind der heilige Amor und dessen 300 Jahre zuvor aus dem belgischen Munsterbilzen beschaffte Reliquien. Aber wenn nicht von ihm und auch nicht vom heidnischen Gott der Liebe, von wem leiten sich denn bitte dann die Namen Amorbach und Amorsbrunn her? Leider gehen beide ganz profan auf das althochdeutsche Wort »amar« für Emmer, ein Getreide, zurück. Die sterblichen Überreste des Heiligen garantierten dennoch, dass der Strom der Pilger nicht abriss.

Adresse Kapelle der Jungfrau Maria und St. Amor, Amorsbrunn 2, 63916 Amorbach | Öffnungszeiten Mai–Okt. täglich 10–17 Uhr, Konfession: katholisch, Gottesdienst: am Muttertag Gangolfsritt (Pferdeumzug) | Tipp Im nahen Bilderbuchdorf Watterbach lohnt der Besuch der Wallfahrtskirche St. Sebastian und St. Mauritus, ein Kleinod des Rokoko.

3 Ruine zum Heiligen Grab

Wo niemals keusche Frauen wohnten

Es war im Jahr 1780, als der Erzbischof und Kurfürst von Mainz dem weit gereisten Landschaftsarchitekten Friedrich Ludwig Sckell den Auftrag erteilte, der engen, von einer Mauer wie zugeschnürten Altstadt seiner Zweitresidenz Aschaffenburg eine grüne Oase vorzusetzen. Damals galt es unter den Wohlsituierten als der allerletzte Schrei, die Phantasie durch eine eigene künstliche Ruine zu beflügeln. Nichts leichter als das, muss sich Sckell, der es mit dem Englischen Garten in München noch zu Weltruhm bringen sollte, gedacht haben. Denn im Schöntal, so der Name der grünen Lunge, stand ja bereits ein steinernes Skelett.

Die fälschliche Annahme, dass es sich hier um einen burgartigen Teil der Stadtbefestigung handeln muss, liegt nahe. Denn Sckell legte der Ruine einen Wassergraben zu Füßen. Eine Infotafel, die von einer Niederlassung der Beginen spricht, irrt ebenfalls. Es handelt sich um eine Kirche, die, 1545 geweiht, im Folgejahr beim kriegerischen Ringen der Konfessionen um die Vorherrschaft in Deutschland schwer in Mitleidenschaft gezogen wurde und 1552 schließlich in Flammen aufging.

Töchter aus reichem Haus konnten sich im Mittelalter der Allmacht des männlichen Geschlechts entziehen, indem sie sich mit ihrer Mitgift in ein Kloster einkauften. Im 13. Jahrhundert öffnete sich für Frauen aus niederen Schichten ein ähnlicher Weg. Die Beginen schworen ewige Keuschheit, lebten in Gemeinschaft und widmeten ihr Leben der Pflege der Kranken. 1543 gab Kardinal Albrecht von Brandenburg, eine der Hauptzielscheiben Martin Luthers, in Aschaffenburg den Bau eines Beginenhauses in Auftrag. Wie es heißt, um seiner Mätresse Agnes Pless den einträglichen Posten einer Vorsteherin zu verschaffen. Er zog den Plan zurück, realisiert wurde nur eine Kirche, von der sich von Brandenburg Pluspunkte vor Gott versprach und die seinen Aufenthalt im Fegefeuer mit Sicherheit verkürzte.

Adresse im Park Schöntal, der sich im Osten direkt an die Altstadt anschließt, 63739 Aschaffenburg | **Öffnungszeiten** nicht zugänglich, Konfession: profaniert, Gottesdienst: keine | **Tipp** Die Beginenhäuser wurden nach und nach von Ordensgemeinschaften absorbiert und häufig mit einem Kloster überbaut. Beispiel Würzburg: Dort musste eines zum Beispiel dem Priesterseminar weichen.

4 Stiftsbasilika

Mit Rom auf Augenhöhe

Viel Zeit sollte man für die beiden zugänglichen Teile dieses ehemaligen Kollegialstifts mitbringen, das im Lauf von weit über 1.000 Jahren die höchste Erhebung in der Aschaffenburger Altstadt mit einem verschachtelten Gebäudekomplex überwuchert hat. Die hinter einem Kranz aus Wohn-, Studier-, Verwaltungs- und Wirtschaftsgebäuden verborgene, großflächig dimensionierte Kirche gehörte einer 974 gegründeten, 1802 aufgelösten nicht mönchischen Lebensgemeinschaft von Mitgliedern aus privilegierten Familien. Sie ist ein Schatzhaus, das alle paar Meter mit einem anderen Meisterstück der Kunstgeschichte aufwartet. Noch reicher: das angeschlossene Stiftsmuseum, dass obendrein die einmalige Chance bietet, die Repräsentationsräume einer einst mächtigen, aus dem kollektiven Gedächtnis aber weitgehend verdrängten kirchlichen Institution zu besichtigen.

Adelsfamilien standen bis weit in die Neuzeit vor dem Problem, dass die zweit- und nachgeborenen männlichen Kinder allein dazu da waren, sich für die Eventualität des Nachrückens in der Erbfolge bereitzuhalten. Als Kollegialstift übernahm St. Peter und Alexander die Aufgabe, sie bis zum Fall der Fälle zu parken. Das heißt: zumeist ein Leben lang. Die Regeln waren weit weniger streng als in einem Kloster, die Aufgaben – Seelsorge und Lehre – ein Kinderspiel, die Versorgung luxuriös. Letztere wurde von den Leibeigenen aus 17 Pfarreien und durch Verpachtung des stiftungseigenen Grundbesitzes sichergestellt. Wer aussteigen wollte oder musste, erhielt das von ihm eingebrachte Geld zurück.

Neben dem Kirchenschatz, der in einem direkt benachbarten Museum präsentiert wird, belegt vor allem der Hauptaltar des von der frühen Romanik geprägten Gotteshauses: Bescheidenheit war in diesem Stift ein Fremdwort. Der 1775 geweihte Baldachin, der den Altar beschirmt, will es gar mit seinem weltberühmten Pendant aus dem Petersdom in Rom aufnehmen.

Adresse Stiftskirche St. Peter und Alexander, Stiftsgasse 5; Stiftsmuseum, Stiftsplatz 1a, 63739 Aschaffenburg, www.st-martin-aschaffenburg.de; www.museen-aschaffenburg.de | Öffnungszeiten Stiftskirche: täglich, Sommer 8–18 Uhr, Winter 9–17 Uhr, Konfession: katholisch, Gottesdienst: So 10.30 Uhr, weitere siehe Website; Museum: Di–So 11–17 Uhr | Tipp Von außen eher unscheinbar, überwältigt die im Zweiten Weltkrieg stark beschädigte Aschaffenburger Muttergottespfarrkirche mit einem 1967 angefertigten, ausufernd weiten Deckenfresko.

5 Ruine Aura

Scheitern könnte so schön sein

Sie war ein Magnet für Touristen. Sie könnte es wieder werden. Aber leider wird im Fall der berühmtesten Großbaustelle in Franken, die nie über die Maurerarbeiten hinausgekommen ist, heute vor allem darum gestritten, wer die Folgekosten übernehmen soll. Weil keine der potenziell zuständigen Stellen die Rolle des Dummen übernehmen will, wird der jammervolle Zustand, in dem sich die Ruine Aura schon seit geraumer Zeit befindet, wohl noch etwas andauern. Wild wuchernde Sträucher und Brennnesseln, dann ein Zaun: Zwei Verteidigungslinien halten den Besucher auf Distanz. Denn das aus Bruchsteinen und Mörtel aufgeschichtete Skelett bröckelt.

Man kann die unfertige Wallfahrtskirche, die Johann Gottfried von Aschhausen, Fürstbischof von Bamberg und Würzburg, 1618 in Auftrag gab, vom Dorf Aura aus mit dem Auto anfahren. Der Motor japst nach Luft. Oben auf der Hochebene angelangt: Stille. Einsamkeit. Eine grandiose Aussicht. Deutlich stilvoller ist es, sich die halb überwucherte Ruine von Bad Kissingen aus zu erwandern. Der 14 Kilometer lange Rundweg mit dem Wanderzeichen »RA«, dem schon Otto von Bismarck und Theodor Heuss gefolgt sind, startet am Menzel-Steg im Luitpoldpark. Zu ihren Lebzeiten war der 50 Meter lange und 16 Meter breite Kirchentorso noch begehbar. Und noch lange darüber hinaus bewirtet. 2017 wurde das Kult-Gasthaus in eine soziale Einrichtung für Kinder umgewandelt.

Johann Gottfried von Aschhausen wollte mit der Wallfahrtskirche eine der ältesten christlichen Stätten der Region wiederbeleben: das 1108 gegründete, 1564 aufgelöste Kloster Aura unten im Tal der Saale. Ihm schwebte ein Bollwerk des einzig wahren Glaubens vor, dessen Glanz den in seinen Bistümern grassierenden Protestantismus auf seinen Platz verweisen würde. Obwohl im Jahr des Baubeginns der Dreißigjährige Krieg ausbrach, wurden die Arbeiten erst 1622 eingestellt.

Adresse Ruine Aura, An der Burg 181, 97717 Aura an der Saale | **Öffnungszeiten** nicht zugänglich, Konfession: nie geweiht, Gottesdienst: keine | **Tipp** In Bad Kissingen findet sich auf den ersten Metern des Spazierwegs, der von den Saaleauen auf den Staffelberg führt, der sogenannte Heidenopferstein. Der Findling sollte in der Wallfahrtskirche Aura das Taufbecken werden.

6 Christuskirche

Für Pietisten viel zu verspielt

Wer von den beiden wohl durch jenes Nadelöhr passt, das laut Jesus in den Himmel führt? Da wäre zunächst die Kolonialmacht zu nennen: München. Und auf der anderen Seite: ihr Opfer. Dass die bayerische Einstaatenlösung bis heute hält, die überheblichen Snobs und die von ihnen unfreiwillig annektierten Franken zumindest so weit zueinanderfinden konnten, ist einem Verrückten zu verdanken. Am 10. November 1866 brach der Märchenkönig mit einem Sonderzug zu einer mehrwöchigen Charmeoffensive auf. In Nürnberg winkte er dem Volk zu. In Bamberg tanzte er mit den Besonderen. Und alles war gut!

Das abgelegene Bad Brückenau, Lieblingskurort seines Großvaters Ludwig I., stand zwar nicht auf der Reiseroute. Dennoch hat Ludwig II. auch dort ein Zeichen der Versöhnung gesetzt. Indirekt zumindest. 1908 fügte Eugen Drollinger dem staatlichen Heilbad ein Ensemble hinzu, das es den Gästen aller Konfessionen ermöglichte, ihrer religiösen Sonntagspflicht nachzukommen. Der Baumeister war durch eine harte Schule gegangen. Er hatte an Hirngespinsten mitgearbeitet, die Schloss Neuschwanstein noch einmal übertrumpfen sollten. Nach dem Tod Ludwigs II. zeichnete er für die Sicherung der unvollendet gebliebenen Wohnträume verantwortlich.

Dass Drollinger bei der Christuskirche erneut der Phantastik freien Lauf ließ, dem Märchenkönig wäre es eine Freude gewesen. Seltsame Lebewesen aus Stein und Bronze verwehren dem Bösen den Zutritt in einen pseudobyzantinischen Rundbau. Bunte, scheinbar romanische Fenster tauchen die perfekt proportionierte Höhle in genau jenes Licht, das in gotischen Kathedralen so fasziniert. Drollinger gelang ein Wohlfühlraum, in dem sich die mit Kuranwendungen gequälten Seelen einen Gottesdienst lang so unbekümmert und geborgen fühlen konnten wie ein Embryo im Mutterleib. Jugendstil trifft Historismus. Ein spirituelles Recreation-Zentrum. Emotional mitreißend.

Adresse Heinrich-von-Bibra-Straße 26, 97769 Bad Brückenau, www.evangelisch-bad-brueckenau.de | **Öffnungszeiten** täglich tagsüber frei zugänglich, Konfession: evangelisch, Gottesdienst: siehe Website | **Tipp** Für die katholischen Kurgäste Bad Brückenaus entwarf Eugen Drollinger eine pseudobarocke Marienkirche. Eine russisch-orthodoxe Kapelle, die nicht mehr existiert, vervollständigte das Ensemble.

7 Kirche des Sergius von Radonesch

Geschenkt ist nicht gegeben

Als der russische Zar Alexander II. für den Sommer 1857 in Bad Kissingen ein Kurquartier reservierte, sah das noch recht beschauliche Heilbad seine Chance gekommen, den übermächtigen Konkurrenten Karlsbad und Baden-Baden Konkurrenz zu machen. Schließlich hat das Vorbild Seiner Majestät beim Adel noch immer Schule gemacht. Um auf Nummer sicher zu gehen, beschloss man, Alexander II. ein paar Quadratmeter Boden zu schenken. Den Bau einer russisch-orthodoxen Kirche, den hatte er selbstredend aus eigener Tasche zu finanzieren. Eine kecke Idee. Aber zu schön, um wahr zu werden.

Alexander sagte ab. Als er die Kur 1864 nachholte, war den Bad Kissingern längst aufgegangen, dass nicht er, sondern eine durchgehende Eisenbahnverbindung der Schlüssel war. Kaum fertiggestellt, strömten die Russen tatsächlich in Massen hierher.

Selbstverständlich, dass die Kurverwaltung jetzt nichts mehr zu verschenken und die orthodoxe Auslandskirche für ein Grundstück zu bezahlen hatte. 1897 entschied sie sich für ein Filetstück an beziehungsweise auf der Böschung der Saale. Der Metropolit von St. Petersburg genehmigte eine Spendensammlung. Victor von Schroeter, Hofarchitekt aus St. Petersburg, steuerte die Pläne bei. Für Gotteslohn. Am 18. Juli 1901 weihten ein russischer Erzpriester und der Metropolit der Rumänisch-Orthodoxen Kirche den neobyzantinischen Prachtbau einem Mönch und Einsiedler, dessen heiliger Segen im 14. Jahrhundert der Invasion der Mongolen ein Ende gesetzt hatte.

Nach dem Ersten Weltkrieg weitgehend verwaist, ist die Kirche des Sergius von Radonesch dank der Spätaussiedler mittlerweile zu neuem Leben erwacht. Sie bietet die seltene Gelegenheit, mit der magischen Welt der Orthodoxie, ihrem Ikonenkult und ihren Ritualen in Kontakt zu kommen. Gäste sind herzlich willkommen.

Adresse Kirche des Sergius von Radonesch, Salinenstraße 20, 97688 Bad Kissingen, www.orthodox-kissingen.de | Öffnungszeiten Di, Fr, Sa, So 14–16 Uhr, Konfession: russisch-orthodox, Gottesdienst: So 9 Uhr, beginnend mit der Beichte | Tipp In Nürnberg hat sich die rumänisch-orthodoxe Gemeinde in der Fürther Straße eine sehenswerte Kathedralkirche gebaut.

8 Kunigundenkapelle

Wo alles im Vagen bleibt

Einmal angenommen, dass die Welt allein den Gesetzen der Physik gehorcht, wie die Ingenieure behaupten. Dann wäre das, was die heilige Kunigunde in Bamberg tat, sinnlos gewesen: während eines großen Sturms auf den Turm des Schlosses zu steigen und ein Seidentuch in den Wind zu halten. Die Augen zu schließen. Einen Moment lang der Gier Widerstand zu bieten, mit der die Naturgewalt an dem Stoff zerrt. Ihn dann aber doch auf die Reise zu schicken. Bis an die Außengrenze der Phantasie. Und sogar noch weit darüber hinaus.

Das Stück Stoff, das die Patronin der nordbayerischen Lande höchstpersönlich einer Böe übergab, trug sein Gottesschicksal 70 Kilometer weit. In der Sage. Und in der Realität.

Tauberfranken. Hinterland. Die Straßen schmal. Die Dörfer winzig. Neben einem von ihnen, Burgerroth, steigt ein Berg an, der auf den drei anderen Seiten beinahe senkrecht in das Tal des Flüsschens Gollach abfällt. Die Linde, in deren Zweigen sich um das Jahr 1020 Kunigundes Schleier verfing, hat schon bessere Zeiten gesehen. Um sie am Leben zu halten, muss sie alle paar Jahrzehnte komplett geköpft werden. Der tausendjährige Baum unterbricht eine Mauer, hinter der das Gras nur noch sporadisch gemäht wird. 1945 wurde der Friedhof aufgelöst, auf dem drei Dörfer ihre Toten zur letzten Ruhe betteten. Im Schatten der klobigen Mauern eines Kirchleins.

Kunigunde erfüllte ihr Gelöbnis. Dort, wo das Tuch landete, baute sie ein Gotteshaus. Eigenhändig. Archäologische Grabungen deuten darauf hin, dass mit der Kapelle um 1230 ein Heiligtum aus keltischer Zeit überdeckt wurde. Beweisen lässt es sich aber nicht. Hier oben bleibt alles im Vagen. An diesem Ort, an dem noch jeder verstanden hat, dass neben der kalten Physik auch eine sämige Melange aus Vermutung, Mythos und Magie den Menschen im Innersten zusammenhält. Unwichtig, dass die Kirche verschlossen ist. Denn der Platz ist das Ziel.

Adresse circa 500 Meter südöstlich des Dorfs Burgerroth, ab 97239 Aub-Burgerroth ausgeschildert | Öffnungszeiten nur zu besonderen Anlässen zugänglich, Konfession: katholisch, Gottesdienst: nur zu besonderen Anlässen | Tipp Im Fachwerkstädtchen Aub, zu dem die Kunigundenkapelle 1976 eingemeindet wurde, lohnt sich der Besuch des Spitalmuseums, das die mittelalterliche Einheit von Kirche und Krankenseelsorge beleuchtet.

9 Martinskapelle

Das begehbare Bilderbuch

Goethe, Heine und Herder sind nur drei von unzähligen Geistesgrößen, denen vor lauter Begeisterung über die Fähigkeit Martin Luthers, dem Volk aufs Maul zu schauen, ein kolossaler konzeptioneller Fehler des Projekts Bibelübersetzung entging. Mit Bravour sei es dem Reformator gelungen, so ihr Tenor, aus den rund 20 Grunddialekten, die damals zwischen der Ostsee und den Alpen zu hören waren, eine gemeinsame deutsche Sprache zu formen. Was sie in ihrem Jubel übersahen: Weil in den deutschen Landen so gut wie niemand des Lesens mächtig war, blieb das Studium der Heiligen Schrift weiterhin einer kleinen Elite vorbehalten, dem Adel und dem Klerus.

Eine unscheinbare, zentimetergenau in die engen Gassen des Winzerorts Bürgstadt eingepasste Kapelle zeigt, dass Luther auch andere Wege offengestanden hätten. Ein halbes Jahrhundert nach seinem Tod erhielt der in Nürnberg geborene, bereits vom Protestantismus geprägte Andreas Herneisen den Auftrag, das ältere der beiden Bürgstädter Gotteshäuser neu auszumalen. Er dekorierte es mit 40 Medaillons, die Schlüsselszenen aus dem Alten und dem Neuen Testament in eine typisch fränkische Landschaft betten. Jeder, so die Idee, sollte das Geschehnis in seine reale Erfahrungswelt integrieren können. Weitere Wandmalereien erzählen aus dem Leben des Kirchenpatrons und der Kirchenväter. Ebenfalls ganz bewusst auf eine Art, die jeder Analphabet versteht. Herneisens 1593 vollendetes Meisterwerk gilt unter Kunsthistorikern als das fränkische Paradebeispiel einer sogenannten Armenbibel.

Beachtenswert ist auch der Hauptaltar. Er zeigt den Erzengel Michael, der die Fähigkeit besitzt, den Teufel zu besiegen. In seinen Händen: Waage und Schwert, die Insignien der Gerechtigkeit. Der Centgraf und Richter Leonhard Gackstatt stiftete den Altar 1628 als Rechtfertigung für die von ihm angestrengten Hexenprozesse, denen 91 Bürgstädter zum Opfer fielen.

Adresse Martinskapelle, Martinsgasse 22, 63927 Bürgstadt | **Öffnungszeiten** am Eingang informiert ein Schild, wo man sich den Schlüssel ausleihen kann, Konfession: katholisch, Gottesdienst: nur zu besonderen Anlässen | **Tipp** Hinter Bürgstadt steigt ein Berg auf, der Eichenbuckel. Er trägt die wildromantische Ruine einer ebenfalls von Centgraf Leonhard Gackstatt gestifteten, aber nur halb fertiggestellten Kapelle.

10 Maria im Sand

Friede ihrer Wundertätigkeit

Der Flächenfraß der Moderne allein erklärt noch nicht, weshalb die einst außerhalb des Städtchens Dettelbach gelegene Wallfahrtskirche Maria am Sand heute einen gänzlich anderen Charakter ausstrahlt als in ihrer Blüte, dem 17. und 18. Jahrhundert. Einst einsam gelegen, ist sie inzwischen von Wohnhäusern umzingelt.

Nicht zufällig wählte Würzburgs Fürstbischof Julius Echter von Mespelbrunn diesen Ort, um seine Schäfchen vom damals sogar auf seinem Territorium mehrheitsfähigen Protestantismus zu heilen – auch mit Gewalt. Lange vor seiner Zeit hatte ein braver Katholik dort eine Pieta aufgestellt. 1505 heilte die hölzerne Maria mit dem toten Sohn auf dem Schoß einen Mann, der seit einer Wirtshausschlägerei gelähmt war.

Man muss wissen, dass damals etliche Dörfer des Umlands zum evangelischen Ansbach gehörten. Dettelbach war ein idealer Standort, um generell gegen den Protestantismus vorzugehen. 1582 standen die Lutheranischen vor der Wahl: die Stadt verlassen oder konvertieren. Es folgte der Neubau der Wallfahrtskirche, an die ein Kloster angefügt wurde. 4.000 Menschen sollen zu ihrer Weihe geströmt sein, angelockt von neuen Wundern. Und von sieben Festzelten, in denen der Landesherr Speis und Trank spendierte. Für ihn ging die Rechnung auf. Als man 1624 im nach wie vor evangelischen Nachbardorf Schernau 400 Wallfahrern den Durchzug verwehrte, schlugen die das Hab und Gut der Ketzer zu Kleinholz. Loyal, gutherzig und mit gutem Recht!

Heute ist Maria im Sand das Ziel von rund 80 Wallfahrten im Jahr. Die Anziehungskraft der Pieta, dem Blickfang eines im Rokoko mitten ins Kirchenschiff platzierten Rundaltars, ist ungebrochen. Und für die Gläubigen natürlich auch ihre Fähigkeit, Kranke zu heilen. Wohingegen sich die Propagandasprache der Rekatholisierung, die unter anderem am Eingangsportal in Stein gehauen wurde, nur noch Historikern erschließt.

Adresse Maria im Sand, Wallfahrtsweg 18, 97337 Dettelbach, www.pfarreiengemeinschaft-dettelbach.de | Öffnungszeiten täglich frei zugänglich, Konfession: katholisch, Gottesdienst: siehe Website; Hauptwallfahrtszeiten: Mai (durchgehend), 8. und 15. September | Tipp Votivtafeln, mit denen sich Fromme aus allen Gesellschaftsschichten im Lauf von gut 500 Jahren für die Hilfe Marias bedankten, bilden das Herzstück des Dettelbacher Kunstmuseums »Pilger & Wallfahrer« (in der Altstadt direkt beim Rathaus).

11 Kloster Engelberg

Morgen wird wieder ein Wunder geschehen

Der Weg, auf dem Gläubige, Gleichgültige und Zweifler vom Fachwerk- und Winzerort Großheubach aus zu den Heilsversprechen eines der letzten mit Leben erfüllten fränkischen Klöster pilgern, ist kein leichter. 612 Stufen, Engelsstaffeln genannt, führen – an unzähligen, ab dem 17. Jahrhundert errichteten Kapellen vorbei – beinahe 220 Höhenmeter hinauf. Dann muss man sich entscheiden, ob man zuerst den vergossenen Schweiß ersetzen und in der Klosterschänke einkehren muss. Andererseits lässt sich der körperliche Ausnahmezustand der Dehydration ja auch gut als Türöffner in die spirituellen Sphären des Franziskanerordens nutzen.

Für die einen erklärt der grandiose Blick über das Maintal, für die anderen das Modewort »Kraftort«, weshalb der Engelberg die Menschen schon immer magisch anzieht. Als Erste sollen hier die Kelten ihren Göttern besonders nahegekommen sein. Ihre Riten dürften noch lebendig gewesen sein, als um 1300 an der Stelle des heutigen Klosters ein erstes Kapellchen errichtet wurde. Gänzlich zum Erliegen kamen sie wohl erst, als 100 Jahre später eine wundertätige Madonna auf den Engelberg gebracht wurde. Die Statue löste einen Wallfahrtsboom aus, der ein Kloster erforderlich machte und bis heute anhält. Den längsten Weg nimmt die Bruderschaft vom kostbaren Blut auf sich, die seit 1648 jedes Jahr zu Fuß in Köln aufbricht.

Kunsthistorisch beeindruckt das Kloster nur mäßig. Umso mehr fasziniert es auf jener Ebene, die in einer Zeit, in der die Menschheit Satelliten in den Himmel hängt, immer auch naiv und rückschrittlich wirkt. Eine liebliche Ganzjahreskrippe. Ein Meditationsgarten mit einer Kapelle voller Votivgaben – voller eindeutiger Beweise, dass die Madonnenstatue Gebete mit einem Wunder beantwortet. Lange wird sich der Zauber nicht mehr halten. Die beiden letzten aktiven Patres sind über 70. Hören sie auf, wird das Kloster geschlossen.

Adresse Kloster Engelberg, Kloster Engelberg 1, 63920 Großheubach-Engelberg, www.engelberg.franziskaner.net, www.kloster-engelberg.com | **Öffnungszeiten** Kirche und Klostergarten täglich frei zugänglich, Klosterschänke Di–So 11–19 Uhr, Konfession: katholisch, Gottesdienst: Mo–Sa, im Sommer 7 Uhr, im Winter 7.30 Uhr; So 9 Uhr und 10.30 Uhr | **Tipp** Direkt gegenüber liegt am anderen Ufer des Mains die Fachwerkstadt Miltenberg, von deren Franziskanerkloster nur eine umwerfend schlichte, nach dem Mönchsorden benannte Kirche geblieben ist.

12 Heilig-Kreuz-Kapelle

Wo die Volksfrömmigkeit regiert

Die Gläubigen der Spessartgemeinde Frammersbach hätten es sich leicht machen können, als ihnen ihr Bischof 1824 anbot, ihre baufällige Pfarrkirche durch einen Neubau zu ersetzen. Aber sie waren erzürnt. Denn weil schon damals Balken und Steine ein Vermögen kosteten, sollte eine außer- beziehungsweise oberhalb des Orts gelegene, seit Jahren verwaiste Kapelle abgebrochen und alles Brauchbare neu verbaut werden.

Es gibt einen guten Grund, weshalb dieses auf einem Bergrücken versteckte, mit fast 20 Meter Länge überraschend geräumige Gotteshaus den Historikern bis heute ein Rätsel geblieben ist. Wie keine andere in Franken repräsentiert die Heilig-Kreuz-Kapelle einen verpönten und verdrängten Parallelstrang der Glaubensgeschichte. Außerhalb der Reichweite der stetig wechselnden Landesherren gelegen, führte dort die Volksfrömmigkeit Regie. Zum großen Erstaunen der Wanderurlauber, die zufällig bei dem Gemäuer stranden, macht sich irgendwer die Mühe, morgens auf- und abends abzusperren. Das Innere wurde 1947 neu gestaltet. Auch bei voller Beleuchtung ist es hier dämmrig. Ein klobiger, karger Raum. Kein Gramm Gold, Stuck, Marmor oder anderer Luxus, der dem Heiland ebenso fremd war wie den Frammersbachern, die sich nur dann ein Extra leisten konnten, wenn sich gleich mehrere Söhne in der Fremde als Fuhrknechte verdingten. Grobkantig, spartanisch: das Altarkreuz, von Kerzen einfachster Art – Grablichtern – erhellt.

Man vermutet, dass der Platz im Mittelalter zur Seelsorge gewählt wurde, da er von allen weitläufig im Wald verstreuten Glashütten gleichermaßen gut zu erreichen war. Auf ein einfaches Waldkreuz folgte 1349 eine erste Kapelle. Ein Splitter des Heiligen Kreuzes, der aus der Aschaffenburger Stiftskirche stammte, begründete eine Wallfahrt, die im 17. Jahrhundert wahre Massen angezogen haben muss. Sie wurde mit dem Anschluss der Region an Bayern 1814 verboten.

Adresse 97833 Frammersbach, im Ortskern von der Durchfahrtsstraße (B 276) in die Wiesener Straße abbiegen, das Sträßchen Oberes Hofreither Tal, das von dieser abzweigt, führt direkt zur Heilig-Kreuz-Kapelle, ist aber extrem schmal und steil | Öffnungszeiten tagsüber frei zugänglich, Konfession: katholisch, Gottesdienste: Wallfahrtsbetrieb an Kreuzauffindung (3. Mai) und Kreuzerhöhung (14. September) | Tipp Im nahen Lohr am Main lohnt ein Besuch der romanisch-gotischen Kirche St. Martin – gerade weil ihre vermeintlich mittelalterliche Ausstattung erst um 1900 angefertigt wurde.

13 St. Nikolaus

Auferstanden im Fünf-Jahres-Zyklus

Historikern mag die Behauptung einen Schauder über den Rücken jagen, dass dem drei Kilometer westlich von Schweinfurt gelegenen Marktflecken Geldersheim die Karies gutgetan hat, die im 19. Jahrhundert ein Loch in den bis dahin komplett geschlossenen Mauerring der Kirchenburg St. Nikolaus gefressen hat. Um 1500 entstanden, zählt die Fliehburg trotzdem zu den eindrucksvollsten Anlagen ihrer Art. Mit Leben erfüllt werden aber konnte sie erst, als sich ihre abweisende O-Form in ein umarmendes U verwandelt hatte. Ein offenes Künstleratelier, ein privates Bauernmuseum, das Heimat- und ein archäologisches Museum haben in ihren Gaden, den zweistöckigen Vorratslagern, ein Zuhause gefunden.

Als man in den 1980/90er Jahren die Gaden sicherte, die die Innenseiten der Wehranlage bilden, stieß man auf einen Haufen bemaltes Holz. Die Älteren erinnerten sich. Bis in die 1950er holte man jedes Jahr vor Ostern einen Schreiner, der in der Kirche, dem Mittelpunkt der Festung, die Bretter und Balken zu einer neun Meter hohen Bühne zusammenpuzzelte, auf der von Gründonnerstag an der Tod und die Auferstehung Jesu geboten wurden. In Echtzeit. Dargestellt von Figuren, die sich dank einer ausgefeilten Mechanik bewegten.

Heilige Gräber sind eine Erfindung der katholischen Gegenreformation, die Kirche selbst bezeichnete sie in den 1790ern als »Aberglaube« und verbot sie. Das bis unters Kirchendach reichende Geldersheimer Prachtexemplar soll um 1900 von einer Magd gestiftet worden sein. Leider hat die Coronapandemie den Rhythmus gestört, in dem es zu sehen ist. In Zukunft wollen es die Geldersheimer in jenen Jahren an Ostern aufstellen, in denen im nahen Sömmersdorf Passionsspiele stattfinden (voraussichtlich alle fünf Jahre).

Darüber hinaus gilt: Die Festung und ihre im Lauf von 800 Jahren wieder und wieder umgestaltete Kirche St. Nikolaus sind zu jeder Zeit ein Erlebnis.

Adresse Kirchenburg und Pfarrkirche St. Nikolaus, Würzburger Straße 14, 97505 Geldersheim, Kirchenburg mit Museen: www.geldersheim.de und www.gadenverein.de, Kirche: www.pg-martin-werntal.de, Heiliges Grab www.heimatverein-geldersheim.de | Öffnungszeiten Kirche tagsüber frei zugänglich, ansonsten siehe Websites, Konfession: katholisch, Gottesdienst: So 10 Uhr, weitere siehe Website | Tipp Im nahen Schweinfurt lohnt ein Besuch der 800 Jahre alten Hauptkirche St. Johannis.

14 Ritterkapelle St. Maria

Wandelhalle der Ewigkeit

Es muss nicht immer eine Burg sein, wenn die Kinder Edelfräulein und Ritter spielen wollen. Zumal ein Ausflug zum Schmuckstück des Städtchens Haßfurt den in der Regel auf rosa Rüschenkleidchen und Schwertkampf begrenzten Fokus der Kleinen um Tugenden wie Anstand, Demut und Frömmigkeit erweitert.

Im Vergleich mit dem Kölner Dom mögen die Maße der einen Steinwurf außerhalb der Altstadt gelegenen Ritterkapelle St. Maria bescheiden sein: gut 40 Meter Länge, maximale Raumhöhe 17 Meter. Aber die lichtdurchflutete, innen wie außen üppig mit mystisch-kuriosen Skulpturen, Grabplatten und Wappen dekorierte Wandelhalle ist dennoch mindestens so beeindruckend. Beide gelten als Meisterwerke der Gotik. In Wahrheit aber erhielten sie ihr Aussehen erst nach 1850. Daher die vielen Türmchen und all der steinerne Zierrat, der keiner spirituellen Symbolik folgt und auch keine echte Funktion besitzt. Wie tief der Zeitgeist des 19. Jahrhunderts in die Gestaltung eingriff, was original ist und was man später hinzufügte, lässt sich in einem kleinen Museum nachvollziehen.

Als der Haßfurter Pfarrer und spätere Bischof von Mainz, Chur und Riga, Johannes Ambundi, 1406 aus dem regionalen Adel eine Bruderschaft requirierte, wurde die alte Haßfurter Tauf- und Friedhofskapelle ihre Wirkungsstätte. 1465 konnte der erste Abschnitt des von der Bruderschaft finanzierten Neubaus geweiht werden, der heutige Chor. Unübersehbar: das Bedürfnis der Bauherren, der Kapelle ihr inneres Verlangen einzuschreiben, nach dem Einzug ins Himmelreich auf Erden nicht vergessen zu werden. Wer konnte, ließ sich in ihr beerdigen – 14 teils aufwendig gestaltete Grabmäler sind erhalten. Hinter der Kapelle über jenen Friedhof zu schlendern, auf dem das gemeine Volk bis heute seine letzte Ruhe findet, ist auch für Familien obligatorisch. Denn auch Kinder können und wollen verstehen, dass der Tod zum Leben dazugehört.

Adresse Ritterkapelle St. Maria, Obere Vorstadt 17, 97437 Haßfurt, www.ritterkapelle.de | **Öffnungszeiten** Kapelle Mo–Fr 8–18 Uhr, Sa, So 9–18 Uhr, Museum Mai–Okt. So 14–17 Uhr, Konfession: katholisch, Gottesdienst: siehe Website | **Tipp** Den Hochaltar der Haßfurter Stadtpfarrkirche St. Kilian zieren Skulpturen aus der Werkstatt Tilman Riemenschneiders, zwei in den Seitenschiffen aufgestellte Heilige werden dem Meister selbst zugeschrieben.

15 Wallfahrtskirche

Stur wie ein katholischer Heiliger

Niemand hat sie gezählt, aber mehrere hundert Kirchen dürften es schon sein, bei deren Standortwahl sich katholische Heilige einmischten – und durchzusetzen wussten. All diese Kirchen haben ähnliche Gründungslegenden: Entweder Gottvater selbst, sein Sohn oder der spätere Kirchenpatron schaffte die aus seiner Sicht am falschen Bauplatz angelieferten Steine und Balken Nacht für Nacht dorthin, wo er das Gemäuer stehen haben wollte. So lange, bis die Menschen verstanden hatten. Oder ein wundertätiges Abbild Marias lehrte die Gläubigen, wo es verehrt werden wollte.

Im Fall des populärsten Wallfahrtsorts im Spessart fiel die Madonna aus einem Busch, während ein Ritter einen Köhler bekehrte. Oben auf einem Berg. Weil der Recke die Muttergottes aber unten im Tal in eine Kapelle setzte, wo sie nicht bleiben wollte, musste man sie Morgen für Morgen zurückholen. Erst als man eine feierliche Pfingstprozession auf den Berg einführte, blieb sie an Ort und Stelle.

Jährlich machen sich heute rund 20 Wallfahrtsgruppen zu Fuß auf den Weg nach Hessenthal. Das ist wenig im Vergleich mit den ersten Nachkriegsjahrzehnten, als die in Unterfranken gestrandeten Heimatvertriebenen in dem aus drei unabhängigen Bauten bestehenden, verschachtelten Pilgerziel einen adäquaten Ersatz für die verloren gegangenen Zentren ihres Marienkults erkannten. Mitte der 1950er war der Andrang so groß, dass man einen Teil der gotischen Hauptkirche durch eine Halle aus Beton ersetzte. Sogar eingefleischte Fans moderner sakraler Architektur sind sich uneins, ob sie gelungen ist. Die Kreuzigungsgruppe des Mainzer Bildhauers Hans Backoffen von 1519, ein Pionierwerk der Renaissance in Deutschland, wirkt dort etwas verloren. Die heute als Gnadenbild präsentierte Pieta ersetzte um 1480 das ursprüngliche Marienbildnis. Im kleinsten der drei Gebäude: Gräber des Adelsgeschlechts der Echter von Mespelbrunn.

Adresse Wallfahrtskirche Hessenthal, Hauptstraße 42, 63875 Mespelbrunn-Hessenthal, www.pg-maria-regina-spessart.de | **Öffnungszeiten** täglich tagsüber frei zugänglich, Konfession: katholisch, Gottesdienst: siehe Website; Wallfahrtsbetrieb Ostern, Pfingsten, Mariä Himmelfahrt (15. Aug.), Mariä Geburt (8. Sept.) und Mariä Opferung (21. Nov.) | **Tipp** Etwa einen Kilometer nördlich der Wallfahrtskirche – exakt dort, wo die wundertätige Madonna aus dem Busch fiel und bis zur Einführung der Pfingstprozession morgens wiederaufgefunden wurde – steht die idyllische Herrnbildkapelle.

16__Mariä Geburt

Frühwerk eines Dreisten

Wer einen Geheimtipp im Grabfeld, dem Bauernland östlich der Rhön, auf authentische Art erleben will, sollte sein Auto im benachbarten Bad Königsberg abstellen. Dort vom Markplatz aus durch die Martin-Reinhard-Straße nach Osten laufen, von der am Ende der Altstadt eine kurze Allee, die Jahnpromenade, nach rechts abzweigt. Einst auf voller Länge beidseitig von Bäumen beschirmt, stimmte das knapp einen Kilometer kurze Weglein unsere Ahnen auf eine Dorfkirche ein, deren Pieta Wunder zu vollbringen in der Lage ist.

Von außen betrachtet, vermag die 1746 bis 1754 an den Rand des 220 Seelen kleinen Ipthausen gesetzte Kirche Mariä Geburt nur ein müdes Achselzucken hervorrufen. Sobald man sie betreten hat, steht man jedoch mit offenem Mund da. Ihre Decke ziert ein Fresko von Georg Anton Urlaub, einem fränkischen Malergenie des Rokoko, das sich über alle Konventionen hinwegsetzte. Das Motiv: der Triumph des Christentums im Jenseits und auf den vier damals bekannten Kontinenten Europa, Asien, Afrika und Amerika. Eigentlich. Schamlos streckt einem ein Hund sein Gesäß entgegen, hält ein Bogenschütze den Betrachter im Visier, wo auch immer er sich hinsetzt oder -stellt. Ein Gemälde, das keine Grenzen kennt. Urlaub gelingt die Illusion, dass über den Kirchgängern der Himmel offen steht. Auch, weil mal ein Bein, mal ein Arm der Figuren dreidimensional in den Raum hineinreicht.

Urlaub war ein großes Risiko eingegangen, als er 1744 zur Vertiefung seiner künstlerischen Ausbildung nach Italien reiste. Sein Landesherr, der Würzburger Fürstbischof, hatte es ihm verboten. Statt mit Gefängnis bestrafte er ihn nach der Rückkehr 1751 damit, nur anspruchslose Arbeiten ausführen zu dürfen. Vielleicht hatte Urlaub deshalb keine Scheu, für Ipthausen Entwürfe zu kopieren, die sein Freund und Kollege Giovanni Battista Tiepolo für das weltberühmte Treppenhaus der Würzburger Residenz angefertigt hatte.

Adresse Wallfahrtskirche Mariä Geburt, Kirche 3, 97631 Bad Königshofen-Ipthausen | **Öffnungszeiten** täglich tagsüber frei zugänglich, Konfession: katholisch, Gottesdienst: derzeit keiner | **Tipp** Im nahen Dorf Eyershausen bemalte Georg Anton Urlaub die Decke der Kirche St. Wendelin.

17 Evangelische Stadtkirche

Oase der Entschleunigung

700.000 im Jahr 2018. 800.000 im Jahr 2019. Tendenz: weiter steigend. Den Kirchen beider Konfessionen gehen ihre Mitglieder mit einer solchen Rasanz verloren, dass mancherorts bereits die Notbremse gezogen werden musste. Was derzeit noch die absolute Ausnahme ist, wird in naher Zukunft flächendeckend Schule machen: die Umwandlung von Gotteshäusern in Büros, Kabarettbühnen – und aller Wahrscheinlichkeit nach auch in Restaurants und Lagerhallen.

Auch in Zukunft nicht gefährdet sein dürfte die Evangelische Stadtkirche von Kitzingen. Obwohl sie unter keinem guten Stern steht. 1817 hatte sie die protestantische Gemeinde gegen die am anderen Mainufer gelegene St.-Michaels-Kirche eingetauscht, welche daraufhin zu einem Wohnhaus umgebaut wurde. Seither ist der bis ins Jahr 748 zurückreichende, wieder und wieder zerstörte und neu errichtete Kern eines ehemaligen Benediktinerinnen- und Ursulinenkonvents einer der Dreh- und Angelpunkte des Miteinanders von Jung, Alt, Arm, Reich, Alteingesessen und Zugewandert. Um 1690 wurde dem Eingang eine pompöse Schaufassade vorgeblendet.

Dank der meditativen Ruhe, die das einschiffige, in zartes Rosa und sanft abgetöntes Weiß getauchte Innere ausstrahlt, ist dennoch genau diese Kirche prädestiniert, um darüber nachzudenken, was das Zuviel an Gotteshäusern am Leben halten könnte, das die Austrittswellen zurücklassen. Dienst an der seelischen Balance aller? Warum nicht! Unglaublich, wie viel Lärm und Hektik bereits ein Städtchen mit nur 22.000 Einwohnern zu produzieren vermag. Welche Wohltat: Sich eine kleine Auszeit lang in die Oase der Stille zurückzuziehen, die so weitläufig ist, dass man sich ganz nebenbei auch noch die Beine vertreten kann. Speziell die für ihre meisterhaft durchkomponierte Schlichtheit bekannten evangelischen Raumwunder sind auch auf weltlicher Ebene extrem hilfreich. In ihnen ist Entschleunigung garantiert.

Adresse Evangelische Stadtkirche, Gustav-Adolf-Platz 3, 97318 Kitzingen, www.kitzingen-stadtkirche.de | Öffnungszeiten täglich tagsüber frei zugänglich, Konfession: evangelisch, Gottesdienst: siehe Website | Tipp Vorsicht, Verwechslungsgefahr: Wie die evangelische ist auch die allein wegen ihrer Tilman Riemenschneider zugeschriebenen Ölbergszene sehenswerte katholische Stadtkirche von Kitzingen Johannes dem Täufer geweiht.

18 Kloster Kreuzberg

Wo der Glaube seinen Anfang nahm

Sie müssen beim ersten Hahnenschrei aufgebrochen sein. Die vornehmlich älteren Herren, die der Weg auf den dritthöchsten Berg der Rhön ganz schön durstig gemacht hat und die sich deshalb bereits jetzt vor jenem Fenster drängen, durch das das berühmte selbst gebraute Bier gereicht wird. Öffnen wird es sich aber erst, wenn in der oberhalb der Gaststätte gelegenen Kirche gegen zehn Uhr das Amen gesprochen ist. Auch wenn sich heute nur noch eine Minderheit aus religiösen Gründen zum Kloster Kreuzberg aufmacht, wachen nach wie vor drei Mönche darüber, dass die Heiligkeit des Ortes gewahrt bleibt.

Jährlich am 20. August um vier Uhr früh formiert sich in Würzburg ein Wallfahrtszug, der sich zu Fuß zu der rund 70 Kilometer entfernten Landmarke aufmacht, und das seit 1647. Mit 22 Jahren Unterbrechung. 1791 hatte der Würzburger Fürstbischof bereits versucht, das Spektakel, das mit einem tagelangen Arbeitsausfall Hunderter einherging, auf das im Stadtgebiet gelegene Käppele umzuleiten.1803 erließen die Bayern als neue Landesherren ein Verbot, das erst 1825 aufgehoben wurde. Das Ziel des Zugs, dem sich heute um die 600 Gläubige anschließen, ist eine monumentale, noch einmal 60 Höhenmeter oberhalb des Klosters gelegene Kreuzigungsgruppe. Der Sage nach markiert sie jene Stelle, an der sich der irische Wandermönch Kilian 686 schwor, das Land zu seinen Füßen zum Christentum zu bekehren.

Wem die schier unendlich lange Treppe, die zu diesem grandiosen Aussichtspunkt führt, zu mühsam ist, findet bei der Klosterkirche den Einstieg in einen Kreuzweg. Er führt in Schleifen hinauf. Die Entfernungen zwischen den Stationen stimmen mit dem letzten Weg, den Jesus in Jerusalem gegangen ist, überein. Die Kirche ist für ein barockes katholisches Gotteshaus auffällig bescheiden. Eine Folge des Armutsgebots des Franziskanerordens, der das Kloster 1681 zur Betreuung der Wallfahrer gründete.

Adresse Kloster Kreuzberg, Kreuzberg 2, 97653 Bischofsheim-Kreuzberg, www.kloster-kreuzberg.de | Öffnungszeiten Kirche Winter 8.15–18 Uhr, Sommer 8.15–20 Uhr, Gaststätte siehe Website, Konfession: katholisch, Gottesdienst: Mo–Sa 9 Uhr, So zusätzlich 11 Uhr | Tipp Die Hauptkirche des Städtchens Bischofsheim wurde in einem Baustil errichtet, den es nur in Unterfranken gibt, der Julius-Echter-Gotik.

19 Friedhofskanzel

Freilichtbühne für den letzten Gang

1611 nahm die Pest Mainbernheim 193 seiner Bewohner. Bei gerade einmal 1.000 Seelen, die das unauffällige Zoll- und Handelsstädtchen im Hinterland des Mains damals zählte. Wie eine so große Zahl an Menschen beerdigen? Und vor allem: wo? Zwei Fragen, die die Parteigänger der Reformation gerade noch rechtzeitig mit einem neuen Typ Friedhof beantwortet hatten. In weiser Vorahnung, dass der Generation ihrer Söhne und Töchter noch viel Schlimmeres bevorstand.

Schon 1546 wurde Mainbernheims alter, direkt bei der Pfarrkirche gelegener Gottesacker aufgegeben und einen Steinwurf außerhalb ein neuer Begräbnisplatz angelegt. 1618 erfolgte eine Erweiterung, in deren Zug der fünf Jahre zuvor eingesetzte Pfarrer Michael Schober zwei entscheidende Funktionsbauten installieren ließ. Ohne sie wäre es ihm unmöglich gewesen, die gut 2.700 Toten des Dreißigjährigen Kriegs und der Pestwellen, die den Soldaten stets im Nacken saßen, mit Würde für die Ewigkeit zu betten.

Wie das von einer Stadtmauer umkränzte, letztlich nur aus einer Straße – dem uralten Überlandweg von Prag über Nürnberg nach Frankfurt und Luxemburg – bestehende Mainbernheim selbst hat sich dieser kulturhistorische Schatz seither nur noch marginal verändert. Ein reich verziertes Renaissance-Portal schirmt das Reich der Toten von der Welt der Lebenden ab. Hinter ihm öffnet sich eine wetterfeste Freiluftkirche. Je nach Jahreszeit ziehen sich die Trauernden, um den Abschiedsworten vor Wind und Regen geschützt zu lauschen, in Arkaden zurück – heimelige, original erhaltene, mit langen Bänken ausgestattete Unterstände. Oder sie setzen sich vor einer frei stehenden, überdachten steinernen Kanzel auf den Rasen, die jeder besteigen darf, um einen letzten Gruß vorzutragen. Der morbide Charme des nach wie vor als letzte Ruhestätte genutzten Gartens hat noch jedem den Seufzer entlockt: Auch ich will hier begraben sein.

Adresse Alter Friedhof Mainbernheim, Kitzinger Straße 8–10, 97350 Mainbernheim | Öffnungszeiten tagsüber frei zugänglich, Konfession: evangelisch, Gottesdienst: nur zu Bestattungen | Tipp Auf dem Friedhof von Prichsenstadt wird eine vergleichbare, rund ein Jahrzehnt ältere Anlage mit Arkaden und Kanzel ebenfalls noch immer genutzt.

20 Neue Klosterkirche

Zur Feier der Entschleunigung

Gerade weil die Säkularisation der umsichtig in das hügelige Vorland der Rhön eingebetteten Zisterzienserabtei Maria Bildhausen besonders übel mitgespielt hat, strahlt das dorfgroße Areal ebenjene Ruhe und Zufriedenheit aus, die seit der Einführung des Smartphones aus dem emotionalen Repertoire der Spezies Mensch verschwunden ist. Oder ist die Aura der Entschleunigung doch der Eigenwilligkeit der heutigen Bewohner geschuldet? 1897 gliederte der schwäbische Seelsorger Dominikus Ringeisen, ein gewitzter Spendensammler, Maria Bildhausen in die von ihm gegründete St. Josefskongregation ein. Seither finden dort Menschen ein Zuhause, deren Ratio im selben Maß speziell ist, in dem sich die Bebauungsstruktur jedweder Logik entzieht: geistig Behinderte.

Das Torhaus aus dem 13. Jahrhundert, das der Hektik des Draußen den Zutritt verwehrt, ist das älteste erhaltene Gebäude des 1156 gestifteten Konvents. Links in einen Garten eingebettet: eine Gedenkstätte für 379 Schützlinge, die die St.-Josefs-Schwestern in der NS-Zeit nicht vor der Euthanasie hatten bewahren können. Acht von ihnen lebten in Maria Bildhausen. Ein Stückchen bergab: der Klostergasthof. Fröhlich lächelnde Bewohner, die auf Besucher warten, denen sie einen Flammkuchen auftragen dürfen. Oder einen Salat. Aus eigenem Anbau …

Ein weiteres Stückchen weiter unten: große Leere.

In Maria Bildhausen hatte sich das Königreich Bayern beim Säkularisieren einmal mehr verspekuliert. Seit 1803 erfolglos zum Verkauf angeboten, wurden die Klosterkirche und der Kreuzgang 1826 abgerissen. Ihr Erhalt: zu teuer. Das heutige, 1906 errichtete Gotteshaus liegt etwas versteckt – die Freifläche nach links queren. Im Geist der Bettelorden verzichtete man auf einen Glockenturm, gönnte sich nur einen Dachreiter. Auch das Innere folgt dem Gelöbnis, dass die Kirche den Menschen zu dienen hat und daher zu Armut verpflichtet ist.

Adresse Kloster Maria Bildhausen mit Klosterladen, Gasthaus und Kirche Mariä Unbefleckte Empfängnis, Maria Bildhausen 1, 97702 Münnerstadt-Maria Bildhausen, www.bildhausen.de | Öffnungszeiten Kirche täglich tagsüber frei zugänglich, siehe Website, Konfession: katholisch, Gottesdienst: So 10 Uhr | Tipp Der alte Hochaltar von Maria Bildhausen steht heute in der Kirche des Dörfchens Wechterswinkel, einem Ortsteil der Gemeinde Bastheim.

21 Ehemalige Synagoge

Mut zur eigenen Geschichte

»Wir haben das moralische Recht.« Wer hat's gesagt? Heinrich Himmler. Und: »Sie wissen nun Bescheid.« Äh ja, da war was. Aber nicht bei uns!

Nur knapp 45 Jahre und damit vergleichsweise kurz hat es in Memmelsdorf, einem 500 Einwohner kleinen Örtchen im südlichen Hinterland von Coburg, gedauert, bis ein Dachbodenfund ins Bewusstsein rief, dass auch dort bis 1938 fast jeder Juden als Nachbarn hatte. Ein Kreis Mutiger nahm die 1979 durch Zufall ans Tageslicht geratenen hebräischen Texte zum Anlass, den jüdischen Part der eigenen Geschichte zurück ins Ortsbild holen zu wollen. Mutig deshalb, weil es in den 1980ern noch nicht einmal in den Städten üblich war, offen über die NS-Zeit und ihre Verbrechen zu reden. Denn meist kam dabei heraus, dass sich die eigenen Mütter, Väter und Großeltern eifrig beteiligt hatten. Auch in Memmelsdorf sollte es sich daher hinziehen, bis man einem unscheinbaren, als Notquartier für Flüchtlinge, später als Lager und Werkstatt genutzten Gemäuer 2004 seine ursprüngliche Funktion wieder ansah. Das Beste aber ist, dass sich bis dahin frankenweit Nachahmer fanden, die ebenfalls eine Synagoge lokalisierten und als Erinnerungsort gestalten wollen. Auch wenn sie – wie in Memmelsdorf – meist die Antwort schuldig bleiben müssen, wie sich der verwaiste Tempel mit Leben füllen ließe. Von Schulexkursionen einmal abgesehen.

Juden sind in Memmelsdorf seit 1652 bezeugt. 1728 wies ihnen der Würzburger Fürstbischof ein Grundstück in B-Lage für den Bau einer Synagoge zu. Weil sie dicht am Nachbargebäude steht, ließ man sie in der Reichspogromnacht nicht in Flammen aufgehen. Spannungsfrei scheint das Miteinander nie gewesen zu sein. 1902 sah sich ein jüdischer Religionslehrer, der immer am Sonntag nach Memmelsdorf kam, vor Gericht. Am christlichen Ruhetag war er seinem zweiten Beruf nachgekommen, dem des Schächters in seiner Gemeinde.

Adresse Synagoge Memmelsdorf, Judengasse 6, 96190 Untermerzbach-Memmelsdorf, www.synagoge-memmelsdorf.de | **Öffnungszeiten** jeden 1. So im Monat 13–17 Uhr, Konfession: ehemals israelitisch, Gottesdienst: nur zu besonderen Anlässen | **Tipp** Südlich der Altstadt von Coburg, am Ende eines Parks, steht eine kleine gotische Kapelle. Heute von den Altkatholiken genutzt, diente sie 1873 bis 1932 der jüdischen Gemeinde als Synagoge.

22 Kirchenburgmuseum

Friedensstrategie des Wettrüstens

Der Leidenschaft eines nicht ganz Gscheiten ist es zu verdanken, dass man sich in den fortschrittshörigen 1970er Jahren zumindest in einem der zigtausend Dörfer Frankens entschloss, einen gänzlich eigenen Weg einzuschlagen. Otto Beck, Lehrer und Heimatkundler, muss den Bewohnern von Mönchsondheim damals wie ein dummer August vorgekommen sein. In den Augen der 26 Familien, die sich die Eigentumsrechte an den Gaden teilten, den Scheunen der Kirchenburg, waren diese wertloses Glump. Weshalb sie seiner Bitte, sie einem Verein zu überschreiben, gerne nachkamen.

Heute, fünf Jahrzehnte später, ist der Stolz umso größer, dass sich die Besucher der besterhaltenen Kirchenburg Frankens aussuchen können, bis in welche Epoche sie zurückreisen wollen. Im 13. Jahrhundert zogen die Mönchsondheimer einen ersten Mauerring um ihr Gotteshaus. Zwei Jahrhunderte später zahlte es sich wahrlich aus, dass sie die einfache Fliehburg sukzessive zu einer Festung ausgebaut hatten. Der Gier, Arroganz und Doppelmoral ihrer Herrschaft, des romtreuen, einen Tagesritt entfernten Klosters Ebrach, überdrüssig, riskierte das Dorf das Ungeheuerliche. Es trat geschlossen zum Protestantismus über und bat den Markgrafen von Ansbach um Schutz. Dem Abt, dem die Mönchsondheimer den Zehnt schuldig waren, blieb nichts anderes übrig, als ihnen ihren neuen Glauben zu lassen. Militärisch war da einfach nichts zu machen. Zumindest seine Abgaben bekam er ja weiterhin.

Das 1981 eröffnete Museum, zu dem neben der nach dem Dreißigjährigen Krieg noch einmal verstärkten Wehranlage und ihrem komplett erneuerten Gotteshaus auch das Dorfgasthaus, die Dorfschule, das Rathaus und ein Gemeinschaftskühlhaus gehören, bietet die einzigartige Möglichkeit, vom Torhaus über den Wehrgang bis zu den Vorratslagern alle Einrichtungen zu begehen, dank denen eine Kirchenburg auch eine längere Belagerung wegstecken konnte.

Adresse Freilandmuseum Kirchenburg Mönchsondheim, An der Kirchenburg 5, 97346 Iphofen-Mönchsondheim, www.kirchenburgmuseum.de | Öffnungszeiten Museum und Kirche Sommer Di–So, Feiertage 10–18 Uhr, Winter Nov. Sa, So, Allerheiligen 10–16 Uhr, Dez.–März geschlossen, Konfession: evangelisch, Gottesdienst: nur zu besonderen Anlässen | Tipp In der nahen Winzerstadt Iphofen, zu der Mönchsondheim gehört, lohnt ein Kirchenspaziergang: St. Vitus ist ein Schatzhaus der mittelalterlichen Kunst, in der benachbarten Friedhofskapelle wurde das Beinhaus 1998 neu hergerichtet, in Heilig Blut wird einer Hostienschändung gedacht, und die Spitalkirche ist ein Musterbeispiel für die regionaltypische Echter-Gotik.

23 St. Maria Magdalena

Das Konzentrat eines epischen Dramas

Ungefähr im Jahr der Geburt Martin Luthers, es ließe sich aber auch das eines Schreiners namens Hans Schnabel ansetzen, hob sich in Deutschland wie von Geisterhand ein Vorhang. Man darf sich streiten, ob eine neuerliche Erhöhung der Steuern, die sich die Bischöfe und Klöster gönnten, der Auslöser war, der Ablass als Türöffner ins Himmelreich oder jenes Heer an Überzeugungstätern, die ihre Zeitgenossen mit Vorschlägen zu einer Reform der Glaubenspraxis in Aufruhr versetzten. Unbestritten ist: Ein Drama epischen Ausmaßes nahm seinen Anfang.

Münnerstadt – berühmt für eine Kirche, in deren Architektur und Einrichtung die traumatischen eineinhalb Jahrhunderte zwischen Luthers Thesenanschlag und der Gegenreformation zu einem Konzentrat verdichtet sind. Ihre Statik geriet damals so stark ins Rutschen, dass sich die Fachwelt noch heute Sorgen macht. Das Raumgefühl: als ob die dreischiffige romanisch-gotische Halle auf ihren Fundamenten schwimmt.

Dass Hans Schnabel ein gesundes Selbstbewusstsein ausgebildet hatte, dürfte auch dem Stolz der Bürgerschaft geschuldet sein. Beides verkörpert ein Altar, den Tilmann Riemenschneider 1491/92 schnitzte. Am 12. April 1525 besetzte Schnabel mit 300 Mann das nahe Kloster Maria Bildhausen und beschlagnahmte dessen Verzeichnisse der Abgabenpflichten und Frondienste. Auch wenn der Bauernkrieg scheiterte, die Stadt wurde protestantisch. 1585 holte sie sich Würzburgs Fürstbischof Julius Echter von Mespelbrunn zurück. Alle Reformierten: ausgewiesen. Wie im Rausch: Totalumbau des Gotteshauses im Zeichen seines Sieges. Ohne sich zu fragen, ob die neuen Seitenschiffe nicht etwas überzogen waren, das große Ganze nicht auf ewig destabilisieren würden. Der Riemenschneider-Atar: reformationsbelastetes Glump! Um 1650 zersägt und verscherbelt. In den 1970ern rekonstruiert. Originalgetreu, obwohl gar keine Vorlage existiert.

Adresse St. Maria Magdalena, Kirchplatz 7, 97702 Münnerstadt, www.maria-magdalena-muennerstadt.de | **Öffnungszeiten** eventuell wegen Sanierung vorübergehend geschlossen, siehe Website, Konfession: katholisch, Gottesdienst: So 10.30 Uhr, weitere siehe Website | **Tipp** Die Gottesmutter persönlich fing 1641 die Kanonenkugeln der Schweden ab, worauf diese abzogen. Jedes Jahr spielt ganz Münnerstadt seine sagenhafte Rettung im Dreißigjährigen Krieg in einem Historienspektakel nach. Termine auf www.heimatspiel-muennerstadt.de.

24 Abteikirche

Wandelhalle des In-Sich-Versinkens

»Es geht sicherlich ohne Kirchlichkeit. Aber ohne ein Gespür für Transzendenzen und etwas, was mich übersteigt, geht es nicht.« Zwei kurze Sätze genügen dem Mönch Anselm Grün, um das Erfolgsgeheimnis seines Klosters auf den Punkt zu bringen.

Optisch ist die Abtei Münsterschwarzach, die dem Popstar der Benediktiner schon in seinem 13. Lebensjahr zur Heimat wurde, alles andere als Balsam. Die Außenhülle der raumgreifenden Klosterkirche: schmucklos und spröde, ja schroff. Ihr Inneres: Kargheit, bis zum Äußersten getrieben. Eine Architektur mit einer klaren Botschaft. Hier, so das 1938 geweihte Gotteshaus, wurde ein Bruch vollzogen! Es musste sein … dass man das Kloster 1803 und damit rund 1.000 Jahre nach seiner Gründung zwangsweise aufhob, 1841 obendrein seine unschätzbar wertvolle barocke Kirche abriss. Bei null neu beginnen. Nur dadurch konnten und können die Mönche, die 1913 nach Münsterschwarzach zurückkehrten, glaubhaft vermitteln, dass sie jene Intoleranz und Überheblichkeit hinter sich gelassen haben, die in der katholischen Kirche lange zum guten Ton gehörten. Der unübersehbare Bruch, er unterstützt die Mission, Alt und Jung dabei zu begleiten, das Christliche neu für sich zu definieren. Auf einer rein spirituellen Ebene. Zum Beispiel im Rahmen einer Auszeit vom »Funktionieren-Müssen«. Und schlichtweg weil es ihnen guttut.

Innere Balance als Grundbedürfnis des Menschen. Herausfinden, was glücklich macht, als Sinn des Lebens. Die aus grob behauenem grauen Stein gefügte, mit architektonischen Zitaten aus 2.000 Jahren mönchischer Askese gespickte Abteikirche ist eine Einladung, sich an genau dem auszuprobieren, was auch dem prominentesten der 80 Brüder besonders am Herzen liegt. Eine Wandelhalle des In-sich-Versinkens, der Meditation. »Der erste Schritt ist immer der, die Stille zu suchen und nach innen zu horchen: Was tut sich denn in meiner Seele?«

Adresse Abtei Münsterschwarzach, Schweinfurter Straße 40, 97359 Schwarzach-Münsterschwarzach, www.abtei-muensterschwarzach.de | **Öffnungszeiten** Kirche täglich tagsüber geöffnet; Buchladen, Metzgerei, weitere Klosterbetriebe siehe Website, Konfession: katholisch, Gottesdienst: täglich sechsmal | **Tipp** Die Kirche St. Bartholomäus im nahen Prosselsheim ist typisch für ihren Bauherrn, den Würzburger Fürstbischof Julius Echter von Mespelbrunn.

25 Gnadenkapelle

Im Angesicht der Sense

Wenn sich fünf Pfarreien im Wald zum Gottesdienst treffen, muss die dortige Kapelle etwas ganz Besonderes sein. Man weiß wenig über den 20 Gehminuten oberhalb des Aschaffenburger Außenstadtteils Obernau gelegenen Bau. Spätestens 1712 errichtet und zuletzt 1921 erweitert, konnte die Gnadenkapelle Maria Frieden ihre spirituelle Strahlkraft – dem seit Generationen anhaltenden Bedeutungs- und Mitgliederverlust der Institution Kirche zum Trotz – bewahren, ja sogar steigern.

Konsequent einfach, bescheiden und bodenständig. Dazu aus dem authentischen Bedürfnis entstanden, der menschlichen Ohnmacht angesichts des stets die Sense schwingenden Todes die Sicherheit entgegenzusetzen, ihn nicht fürchten zu müssen. Hier oben, wo sieben Wege – eine magische Zahl – zusammenlaufen, kann man der Sage nach hören, wie er seine Sense dengelt, sie schärft. Speziell an den acht Tagen vor und nach Mariä Geburt, dem Wallfahrtstag, an dem sich die Gläubigen aus Aschaffenburg, Schwebheim, Gailbach, Sulzbach und Obernau mit der Kraft des Rituals gegenseitig versichern, dass die kleine, aus nacktem Ton geformte Schmerzhafte Madonna, die schon immer in der Kapelle aufgestellt war, Erfolg haben wird, wenn sie vor Gott Fürsprache für sie einlegt.

Eine weitere Sage setzt den örtlichen Tod alias den Teufel alias das Böse mit der schweren Sünde der Gier gleich. Sie spielt nicht zufällig an Mariä Geburt und erzählt von einem Bauern, der, von der Gier getrieben, noch in der Nacht seine Sense dengelte, um Heu zu machen. Obwohl an diesem Feiertag das Gebot galt, nach der Messe zu tanzen, zu saufen und zu faulenzen. Er geriet mit einem betrunkenen Spätheimkehrer in Streit, der ihn mit seinem eigenen Teufelswerkzeug tötete. Unabsichtlich. Aber mit Recht! Denn nicht dem Täter, sondern den Nachfahren des Bauern wurde als Buße auferlegt, die in der Kapelle aufgestellte Pieta zu stiften.

Adresse am Waldfriedhof von Obernau (Bahnhofstraße 80, 63743 Aschaffenburg-Obernau) beginnt ein Kreuzweg, der über eine Lourdesgrotte zur Kapelle führt | **Öffnungszeiten** täglich tagsüber frei zugänglich, Konfession: katholisch, Gottesdienst: Wallfahrtsbetrieb 1. So im Mai und 2. So im Sept. (Zusammenlegung von Mariä Geburt und Maria Schmerzen) | **Tipp** Aschaffenburgs Nachbarstadt Großostheim ist mit Feldkapellen reich gesegnet. Eine von ihnen, die Alte Heiligkreuzkapelle, ist sogar das älteste Gotteshaus des schmucken Fachwerkorts.

26 St.-Wolfgangs-Kapelle

Bitte nur so weit die Füße tragen

Mit zwei Megabestsellern haben ein brasilianischer Jesuitenzögling und Hippie und ein zur Depression neigender Komiker eine letzten Endes irgendwie dann doch religiöse Pilgerwelle losgetreten, deren inneres Wellness- und Reinigungs-Versprechen bei Tausenden Leichtgläubigen vor allem zu einem führte: wunden Füßen. Auch Franken wurde vom Kult erfasst, sich auf den neu angelegten Jakobswegen das Körpergefühl des Mittelalters anzutrainieren. Leider zogen es die Planer des Wegenetzes vor, ein idyllisch am Stadtrand von Ochsenfurt gelegenes Kirchlein seiner historischen Funktion zum Trotz links liegen zu lassen.

1463 erbaut, gehörte die Wolfgangskapelle am Ende des Mittelalters nicht nur zu einem europaweiten Netzwerk, das die Pilger sicher zu einem Ziel geleitete, das auf der Liste der Sehnsuchtsorte Platz drei einnahm. Nach Jerusalem, das seit der Eroberung durch islamische Herrscher nicht mehr erreichbar war, und dem ebenfalls arg weit entfernten Rom. St. Wolfgang im Salzkammergut verlangte den Gläubigen eine kürzere Abwesenheit ab, was ihrer Herrschaft entgegenkam, ohne deren Erlaubnis sie nicht ziehen durften. Dort soll sich der heilige Wolfgang, Bischof von Regensburg und Ahnherr der Regensburger Domspatzen, 976 einen einsamen Rückzugsort geschaffen und Wunder bewirkt haben. An der Ochsenfurter Wolfgangskapelle vereinten sich damals aber auch für ein kurzes Stück die Routen in die Heilige Stadt und nach Santiago de Compostela.

Da eine alljährliche Pferdesegnung an der Wolfgangskapelle im Lauf der Zeit zu einem feuchtfröhlichen Volksfest ausuferte, sah sich der Pfarrer von Ochsenfurt 1757 gezwungen, die zahlreichen Hufeisen zu entfernen, die man beiderseits des Eingangs angenagelt hatte. Dank des Fürstbischof hängen sie wieder. Seit der Eingliederung der Stadt nach Bayern 1803 verboten, hat man den Pfingstritt 1976 im zweijährigen Turnus wiederbelebt.

Adresse St.-Wolfgangs-Kapelle, Uffenheimer Straße 31, 97199 Ochsenfurt | Öffnungszeiten Mai – Sept. jeden 1. So im Monat 14 – 17 Uhr, Konfession: katholisch, Gottesdienst: nur zu besonderen Anlässen | Tipp Ochsenfurt hat sich sein mittelalterliches Ambiente weitgehend unverfälscht erhalten, entsprechend lohnenswert ist der Besuch der gotischen Hauptkirche St. Andreas und der direkt benachbarten einstigen Friedhofskapelle.

27 Kirchenburg

Weil der höchste Punkt im Ort bereits besetzt war

Ganz oben im Norden, wo die regionale Küche, der Dialekt und die Mentalität der Alteingesessenen keine klare Auskunft darüber geben, ob man sich nicht doch bereits drüben in Thüringen befindet, wussten die Menschen schon früh: Hilf dir selbst, sonst hilft dir keiner. Auch nicht Gott. Zu Franken gehört man erst seit 1945. Ab 1920 war Ostheim eine Exklave Thüringens in Bayern, davor elf Jahrhunderte lang ein Zankapfel der Bistümer Mainz, Fulda und Würzburg sowie der Hennebeger und ihrer Nachfahren, des Großherzogtums Sachsen-Weimar-Eisenach. Die permanente Gefahr, von Soldaten überrannt zu werden, erklärt, weshalb sich die Ostheimer die massivste Schutzanlage ihrer Art in Deutschland zulegten. Warum die 75 mal 75 Meter große Kirchenburg entstand und wie sie im Lauf von 400 Jahren wieder und wieder ausgebaut wurde, lässt sich dank eines hauseigenen Museums minutiös nachvollziehen.

Eine Kirchenburg war immer ein Gemeinschaftsprojekt der Bürger. Warum stets ein Gotteshaus mit einbezogen wurde? Als die Ostheimer im 14. Jahrhundert einen ersten Mauerring zogen, war der strategisch vorteilhafte höchste Punkt im Ort bereits mit einer Kirche bebaut. Fehlten nur noch die Gaden, im Burginneren an die Mauer angelehnte Vorratslager. Die Ostheimer gewöhnten sich an, ihre Ernte nicht mehr daheim, sondern in den 72 Schuppen und 66 Kellern aufzubewahren. Nahte eine Bedrohung, hatten sie sich in wenigen Stunden inklusive Vieh verschanzt.

1555 gelang es den Ahnen des Herzogtums Sachsen-Weimar-Eisenach, der Keimzelle Thüringens, die ewigen Scharmützel um Ostheim zu ihren Gunsten einzudämmen. Endlich konnte das Städtchen prosperieren. Da die Einwohnerzahl regelrecht explodierte, ersetzte man die alte Kirche 1615 bis 1619 durch eines der ersten Gotteshäuser, die eine überzeugende Antwort lieferten, wie sich die Ideale der Reformation auf die Architektur und die Innenausstattung übertragen lassen.

Adresse Kirchenburg, Kirche St. Michael und Museum, Friedenstraße 7, 97645 Ostheim v. d. Rhön, www.lebendige-kirchenburg.de | **Öffnungszeiten** Kirchenburg jederzeit frei zugänglich, Kirche tagsüber frei zugänglich, Museum Ende März – Okt. und Dez. Sa, So und Feiertage 14 – 17 Uhr, Konfession: evangelisch, Gottesdienst: siehe www.badneustadt-evangelisch.de/ostheim | **Tipp** Wenige Meter unterhalb der Kirchenburg hält das Orgelbaumuseum Schloss Hanstein die Erinnerung an Ostheim als Hauptstadt dieser Handwerkskunst lebendig.

28 Klosterkirche

Heilige ohne Heiligenlegende

Von einem glaubensfernen Standort aus betrachtet ist es höchste Zeit, dass die katholische Kirche mal bei einem Therapeuten vorstellig wird. Gut 500 Jahre nachdem ihr Martin Luther den Tipp gegeben hat, »alles tot' Ding« doch endlich in die Erde zu betten. Diagnose: Nekrophilie. Puzzelt man zum Beispiel die in diversen Kirchen aufbewahrten sterblichen Überreste des heiligen Sebastian anatomisch korrekt zusammen, erhält man zusätzlich zu vier vollständigen Skeletten einen Überschuss von 13 Armen und fünf Köpfen.

Ortswechsel. Das Tal der Fränkischen Saale. Fünf Brüder halten ein Kloster am Leben, das sich dort bescheiden ins satte Grün schmiegt. Die Kirche ihres 1189 gegründeten, 1564 nach wiederholten Attacken durch Parteigänger Luthers aufgegebenen, 1699 von Franziskaner-Minoriten wiederbelebten Konvents: barock, aber, wie es sich für einen Bettelorden gehört, nicht mit Fresken ausgemalt. Sie gehört zu den wenigen in Franken, die einen Katakombenheiligen ihr Eigen nennen. Besser: zwei. Hinter Glas auf dem linken Seitenaltar Viktor, auf dem rechten Antonin. Über die 1704 nach Schönau überführten Heiligen weiß man nicht mehr, als dass sie in einer der antiken unterirdischen Grabanlagen Roms bestattet worden waren. Dokumente aus den Anfangsjahren der Schönauer Reliquienwallfahrt belegen, dass sie dennoch an sieben Gläubigen ein Wunder wirkten.

Für die fünf Brüder dürfte es verletzend sein, Schönau auf einen Leichenkult zu reduzieren. Wie so oft überdeckt das historische Erbe des Katholizismus, wofür sich seine Parteigänger heute starkmachen. Was können sie dafür, dass zur Zeit der Neugründung ihres Klosters die Reliquienverehrung hoch im Kurs stand, während die Heiltümer selten geworden waren? Die Protestanten hatten sie vernichtet, wo immer sie ihrer habhaft werden konnten. Rom lieferte Ersatz. Europaweit. 1672 die Skelette von 462 Heiligen. Tendenz steigend.

Adresse Kloster Schönau, Schönau 28, 97737 Gemünden am Main-Schönau, www.kloster-schoenau.de | **Öffnungszeiten** täglich tagsüber frei zugänglich, Konfession: katholisch, Gottesdienst: Di und Fr 7.30 Uhr, Sa 18 Uhr, So 7.30 und 10 Uhr | **Tipp** 1564 übersiedelten die Zisterzienserinnen des Klosters Schönau ins Würzburger Kloster Himmelpforten, in dessen 1944 zerbombter Kirche sich moderne Architektur und alte Artefakte fruchtbar ergänzen.

29__St. Peter und Paul

Kommet und trinket

Bekanntlich sind den Franken neben ihren Kirchen auch zwei Flüssigkeiten heilig, ballt sich ein dichter Pulk, wo auch immer sie im Ausschank sind. Besonders gut lässt sich dieses Phänomen an einem Freitagnachmittag in der 500 Jahre alten Fliehburg des Marktes Seinsheim beobachten. Dann hat in einem der 17 Lagerschuppen, die einen etliche Meter dicken Schutzring um die Kirche St. Peter und Paul bilden, eine Nebenerwerb-Sudstätte geöffnet. Ihre naturtrüben Lager fanden sich 2017 völlig überraschend auf der Weltbesten-Liste der größten internationalen Beer-Community.

In der christlichen Glaubenstradition hat der Wein einen höheren Stellenwert. Für alle, denen kirchliche Rituale wie die sogenannte Wandlung fremd sind: Zum Höhepunkt des Gottesdienstes zitiert der Priester Jesus, »Das ist mein Blut, das für Euch und für alle vergossen wird zur Vergebung der Sünden«, bevor er aus einem Kelch trinkt. Zuvor hat er Oblaten in das Fleisch und Wein in das Blut des Gottessohnes verwandelt. Aus anthropologischer Sicht ist der Gedanke, dass es sich um eine Ersatzhandlung für einen kannibalistischen Akt handelt, die richtige Fährte. Im Alten Testament werden Menschen- durch Tieropfer abgelöst, welche das Neue Testament dann durch ein gemeinsames Verspeisen von Brot und Wein ersetzt.

Eine von außen kaum erkennbare Besonderheit der Seinsheimer Kirchenburg öffnet die Frage, inwiefern der Bedarf an Messwein die Geschichte des fränkischen Winzerwesens beflügelte. Unter der im 19. Jahrhundert erneuerten Kirche befindet sich ein zehn Meter langer Keller. Ein Gemeinschaftslager der lokalen Winzer. Die Archäologie verneint einen Weinanbau in Unterfranken durch die Römer. Erst die Klöster, die im 8. Jahrhundert von einer zweiten Generation – nun weiblicher – irisch-britischer Missionare gegründet wurden, lösten das Problem, die Versorgung der Pfarreien sicherzustellten.

Adresse Kirchenburg und St. Peter und Paul, An der Kirchenburg 3, 97342 Seinsheim | **Öffnungszeiten** Kirche täglich tagsüber frei zugänglich; Brauerei Fr ab 16 Uhr (siehe vor einem Besuch www.seinsheimer-kellerbier.de), Konfession: katholisch, Gottesdienst: unregelmäßig | **Tipp** In den Weinbergen des nahen Dörfchens Bullenheim wartet die Ruine der Kunigundenkapelle auf Wanderer, die der namensgebenden Schutzpatronin der Franken ihre Aufwartung machen.

30 Mariabuchen

Legendenbereinigung, ja bitte

Gut 9.000 Katholiken wagten am 23. Juli 1939 das Ungeheuerliche. Sie setzten ein Zeichen: Sie würden weiterhin nicht Adolf Hitler, sondern ihrem Bischof folgen und strömten zu einer tief im Wald versteckten Wallfahrtskirche, der er an diesem Tag seine Aufwartung machte. Jedem von ihnen dürfte das Risiko bewusst gewesen sein, stand Mariabuchen doch unter besonderer Beobachtung. Drei Jahre zuvor war ein Kapuzinerpater des 1849 wiederbesiedelten Klosters zu sieben Monaten Gefängnis verurteilt worden, weil er gegen die NS-Diktatur gepredigt hatte.

Man darf spekulieren, wie viele der Teilnehmer den Nationalsozialismus ablehnten, dem Holocaust aber gleichgültig, wenn nicht gar zustimmend gegenüberstanden. Zwei polnischstämmige Brüder des Franziskaner-Minoriten-Ordens leben heute in Mariabuchen. Auch dank ihnen ist es dem Wallfahrtsort gelungen, sein Heilverspechen zu aktualisieren, zugleich aber offen zuzugeben, dass die Anbetung seiner Schmerzhaften Maria jahrhundertelang dem Antisemitismus den Boden bereitet hat.

Ein Hirte, so die ursprüngliche, wohl um 1390 entstandene Gründungslegende, schnitzte sich einst eine Pieta und stellte sie in die Asthöhle einer alten Buche, damit ihm in seiner Einsamkeit zumindest Gott nahe war. Man erzählte sich bald, dass dort Wunder geschahen. In der Version, die Valentin Leucht, Pfarrer und kaiserlicher Aufseher über das Druckwesen, 1591 veröffentlichte, ist die Statue gänzlich eingewachsen. Bei ihm besteht das Wunder darin, dass es Juden nicht möglich war, an der Buche vorbeizugehen. Erbost stieß einer von ihnen sein Schwert in den Baum, der dreimal »O weh« jammerte. Die Klinge: rot vor Blut. Man fällte den Baum, fand die Statue. Der Jude ließ sich taufen. Die heutige, barocke und doch bescheiden anmutende Kirche wurde 1701 geweiht. Das sie umgebende Ensemble aus Kloster und Wirtshaus musste im 20. Jahrhundert komplett erneuert werden.

Adresse Wallfahrtskirche und Kloster Mariabuchen, Maria Buchen 1, 97816 Lohr am Main-Sendelbach, www.mariabuchen.de | **Öffnungszeiten** Kirche täglich tagsüber frei zugänglich, Konfession: katholisch, Gottesdienst: Wallfahrtsbetrieb siehe Website | **Tipp** Die Wallfahrtskirche des abgelegenen Spessartdorfs Rengersbrunn geht der Sage nach auf ein Bild Marias zurück, das ein Schäfer 1460 unter einem Haselnussstrauch gefunden hat.

31 Kapelle Terzenbrunn

Waldlichtung der Wunder

»Unzucht«, wetterte Philipp Carl Manger, »treibt die Jugend nachts in einer draußen im Wald gelegenen Kapelle!« Und dann zögen es etliche seiner Schäfchen auch noch vor, seinen Gottesdienst zu schwänzen, weil sie ihre christlichen Pflichten dort besser erfüllt sähen. 1808 setzte der Pfarrer von Arnshausen alle Hebel in Bewegung, um den spirituellen Kraftort auszumerzen, an dem Generationen von Pilgern der Heiligen Muttergottes ihre innersten Nöte offengelegt, um Heilung ihrer Krankheiten gebeten und von ihr zuverlässig eine Antwort erhalten hatten. Zum Glück wurde auch sein Kompromissvorschlag abgeschmettert, den Terzenbrunn zumindest neben die Dorfkirche zu verlegen.

Das weitläufige, um eine Quelle herum arrangierte Volksheiligtum ist nicht ganz leicht, aber auch nicht wirklich schwer zu finden. Man verlässt Arnshausen auf der B 286 in Richtung Oerlenbach und zweigt nach zwei Kilometern in Richtung Wirmsthal ab. Gleich nach der Kreuzung auf der rechten Seite: ein großer Parkplatz. Gut möglich, dass dort ein PS-starkes Zweirad parkt, sein Besitzer unten gerade mit der Inbrunst eines Opernstars ein Ave-Maria gen Himmel schmettert. Ein paar Meter Wald. Eine Lichtung. Ein winziges Gotteshaus mit Vordach. Über der Quelle eine monumentale Lourdesgrotte.

Abgesehen von zahlreichen durch Dankesschreiben und Votivgaben bezeugten Wundern weiß man über Terzenbrunn so gut wie nichts. Dass die Kelten dort Rituale abhielten: reine Spekulation. Es gibt Hinweise, aber keine Belege, dass die Quelle seit dem 9. Jahrhundert verehrt wird. Der seltsame Name deutet auf einen Ursprung als Zollstation an der Handelsstraße Schweinfurt–Fulda. Gesichert ist, dass 1651 ein Bildstock und 1752 eine erste Kapelle vorhanden waren. 1861 legten 20 Dörfer zusammen, um das heutige, vielleicht ein Dutzend Gläubige fassende Gotteshaus zu errichten. 1898 strömten 4.000 zur Weihe der Lourdesgrotte herbei.

Adresse 97688 Bad Kissingen-Arnshausen, auf der B 286 zwischen Arnshausen und Oerlenbach den Abzweig nach Wirmsthal nehmen, dann ausgeschildert | Öffnungszeiten rund um die Uhr frei zugänglich, Konfession: katholisch, Gottesdienst: nur zu besonderen Anlässen | Tipp Die Pfarrkirche von Arnshausen bietet ein gelungenes Ineinander der regionaltypischen Echter-Gotik des 17. Jahrhunderts und der sakralen Architektur der 1970er.

32__Kartäuser-Klosterkirche

Der programmierte Wahnsinn

Kenner ahnen es schon von Weitem: Die Kirche des keine 300 Einwohner zählenden Tückelhausen muss von einem jener Mönchsorden errichtet worden sein, die sich einen Satz aus der Bergpredigt zu eigen gemacht hatten: »Selig, die arm sind vor Gott, denn ihnen gehört das Himmelreich.« Da ist kein Kirchturm, der sich in den Himmel streckt. Das nahezu unverändert erhaltene Dorf war zur Säkularisation ein Konvent. Auf dessen Gotteshaus nur ein Dachreiter. Man erkennt ihn erst, wenn man das Auto auf dem weiten Platz abstellt, von dem aus ein enges Tor in den Klosterhof führt.

1351 wechselte die damals bereits 200 Jahre alte, von Nonnen adeliger Herkunft bewohnte Abtei Tückelhausen zu einem Schweigeorden, der für seine besonders strengen Regeln bekannt und berüchtigt ist. Der stattliche, als Park gestaltete Hof täuscht. Er war den Gästen vorbehalten. Der Trakt der Mönche lag auf der Rückseite der Kirche. Er bestand aus einem Kreuzgang, an den sich eine Zeile Reihenhäuser anlehnte – jedes mit einem eigenen Zugang und einem kleinen Garten mit Wasserlauf. Pro Mönch eine Einheit. Verlassen werden durfte sie ausschließlich zum Gebet. Dazu einmal in der Woche zu einem gemeinsamen Spaziergang. Jeder Mönch baute sein Essen selbst an. Hunger, Kälte, Einsamkeit und Schlafentzug. Visionen – auch als Wahnsinn bekannt – waren vorprogrammiert.

Leider wurde das Museum, das die seltene Möglichkeit bietet, einen Einblick in einen original erhaltenen Wohntrakt eines Kartäuserkonvents zu nehmen, im ersten Corona-Lockdown auf unbestimmte Zeit geschlossen. Wann und ob es überhaupt neu eröffnet: unklar. Aber auch die schmale Kirche lohnt, entdeckt zu werden. Nur ein Schiff. Keine Fresken an den Wänden und der Decke. Zieht man die Kanzel ab, die erst nach der Auflösung des Klosters hierherkam: bescheiden. Obwohl ab 1690 barockisiert und mit neuen, zeittypischen Prunkaltären ausgestattet.

Adresse Kloster Tückelhausen, Schloßhof 2, 97199 Ochsenfurt-Tückelhausen, www.pg-tueckelhausen.de | **Öffnungszeiten** Kirche täglich tagsüber frei zugänglich, Konfession: katholisch, Gottesdienst: unregelmäßig, siehe Website | **Tipp** Sollte Tückelhausens Wohntrakt dauerhaft geschlossen bleiben: Das nächstgelegene Kartäusermuseum – ebenfalls mit erhaltenem Mönchshäuschen – befindet sich in Regensburg.

33__Jüdisches Kulturmuseum

Alles, was die Tradition verlangt

Im März 1939 gelang es Adolf Klein, geboren 1893 in Veitshöchheim, im Ersten Weltkrieg zweimal verwundet, in Palästina einzuwandern. Was für ein Glückspilz, waren die Briten doch gerade dabei, die Häfen ihres Protektoratsgebiets für Emigranten zu schließen. Heinrich, sein jüngerer Bruder, favorisierte Amerika. Er hatte alle Papiere beisammen. Dennoch blieb ihm keine Wahl, als die folgenden zwei Jahre ohnmächtig zu spekulieren, wann die Gestapo ihn, seine Frau und die Tochter Beate der Vernichtungsmaschinerie der Konzentrationslager zuführen würde. Wo sich Adolf niederließ, wie es mit ihm weiterging: Man weiß es nicht. Heinrichs Spuren verlieren sich 1942 in Riga. Sie waren die letzten Kinder, die die Bewohner des gleichermaßen geschäftigen wie gemütlichen Veitshöchheim im Hof der Synagoge in ihrer Innenstadt hatten aufwachsen sehen.

Ausgerechnet dem brachialen Pragmatismus der NS-Zeit ist es zu verdanken, dass der einstige Mittelpunkt jüdischen Lebens heute wieder jederzeit bereitstünde, mit einer Bar Mitzwa die Aufnahme eines neuen Vollmitglieds zu feiern. Im November 1938 hatte die Stadt verlangt, sie ihr zum Abbruchwert zu überschreiben. 1940 wurde sie so hastig in ein Feuerwehrhaus verwandelt, dass die Inneneinrichtung unter einer Betondecke in einem restaurierungsfähigen Zustand erhalten blieb. 1994 befand sich das Gotteshaus wieder in dem Zustand, in dem es 1730 geweiht worden war.

Im Gegensatz zu den meisten Synagogen, die in Franken in den letzten zwei Jahrzehnten saniert und neu zugänglich gemacht wurden, umfasst das Jüdische Kulturmuseum Veitshöchheim alle drei Einrichtungen, die die semitische Tradition verlangt. Die Mikwe, das 1940 mit Beton verschlossene rituelle Tauchbad, konnte ebenso wiederhergestellt werden wie das Schul- und Wohnhaus des Vorbeters, in dem dessen Söhne Adolf und Heinrich Klein herumalberten, -tollten und heranwuchsen.

Adresse Jüdisches Kulturmuseum, Thüngersheimer Straße 17, 97209 Veitshöchheim | **Öffnungszeiten** März–Okt. Mi, Sa, So 14–17 Uhr, Do 15–18 Uhr, Konfession: jüdisch, Gottesdienst: keine | **Tipp** Das jüdische Museum Fürth bietet die einzigartige Möglichkeit, eine in ein jüdisches Wohnhaus integrierte Laubhütte zu besichtigen, in der zur Erinnerung an den Auszug aus Ägypten das Fest Sukka gefeiert wurde.

34 Maria im Weingarten

Ohne böse Tat kein Happy End

Motorgeräusche hatten die Tochter des Mesners am frühen Morgen des 7. August 1962 in den Weinbergen von Volkach geweckt. Sie sah einen Wagen wegfahren. Dann, dass eine Kirchentüre offen stand. Kurz nach vier Uhr erreichte ein erstes Polizeiauto die einsam vor der Stadt gelegene Wallfahrtskirche. Schnell gesellten sich weitere und schließlich die aus Würzburg herbeigeeilten Spezialkräfte hinzu. Es schien, als wolle ein Pulk übermütiger Blaulichter Twist tanzen. Doch zum Feiern war keinem zumute.

Wer behauptet, dass erst der spektakulärste Kirchenraub der deutschen Nachkriegsgeschichte das älteste Gotteshaus Volkachs zu dem gemacht hat, was es heute ist, ein Wahrzeichen Weinfrankens, hat nicht ganz unrecht. Ohne die Kampagne, mit der sich eine Hamburger Illustrierte als glorreicher Retter inszenierte, wäre das idyllisch, aber unkomfortabel gelegene Kleinod wohl nie aus seinem Dornröschenschlaf erwacht. Als mit der Reformation die Pilgerströme verebbten, gaben die Volkacher bei niemand Geringerem als Tilman Riemenschneider eine extrem filigrane Schnitzarbeit in Auftrag. Die Madonna im Rosenkranz war sein letztes Meisterstück. 1525 befahl der Fürstbischof, ihm als Strafe für seine Beteiligung am Bauernkrieg die Hände zu brechen. Dass zudem unter anderem die Pieta fehlte, die im 13. Jahrhundert die Wallfahrt in den Weingarten begründet hatte, fiel dem Mesner erst zwei Wochen später auf.

Von den Ergebnissen der Polizei enttäuscht, wandten sich die Volkacher Honoratioren an die »Stern«-Redaktion. Herausgeber Henri Nannen reagierte mit einer Serie von Artikeln und schrieb ein Lösegeld von 100.000 Mark aus. Die Diebe riefen an. Am 3. November 1962 lotsten sie ihn ins Nürnberger Knoblauchsland, wo das gute, aber arg ramponierte Stück auf einem Acker lag. Als es 1963 an seinen angestammten Platz zurückkehrte, entschied man, es lieber doch mit einer Alarmanlage zu sichern.

Adresse Maria im Weingarten, Kirchbergweg 20, 97332 Volkach | Öffnungszeiten März Fr–So 10–17 Uhr, April–Okt. täglich 10–17 Uhr, Nov. Fr–So 10–17 Uhr, Konfession: katholisch, Gottesdienst: nur zu besonderen Anlässen | Tipp Die im Zentrum von Volkach gelegene spätgotische Kirche St. Bartholomäus und St. Georg löste im 14. Jahrhundert Maria im Weinberg als Hauptkirche der Weinstadt ab.

35 Dom St. Kilian

Schatten seiner selbst

»Demütig beugen wir uns der göttlichen Vorsehung«, kommentierte der Würzburger Bischof ein wenig arg an den historischen Tatsachen vorbei jene Nacht, in der Franken eine der größten und zugleich großartigsten romanisch-barocken Kathedralen überhaupt verlor. Zwar beherrscht heute ein auf derselben Grundfläche neu hochgemauerter Monumentalbau auf die gleiche, ziemlich streberhafte, ja selbstherrlich hochnäsige Art die Silhouette seiner City. Viel mehr aber hat der 1967 neu geweihte Dom St. Kilian nicht mit dem Original aus der Mitte des 11. Jahrhunderts gemeinsam.

Vielleicht weil das Domkapitel den Nationalsozialisten so offen die Feindschaft erklärt hatte, wie das in der NS-Diktatur nur möglich war, unterblieben in Würzburg effiziente Vorkehrungen zum Schutz der unzähligen Kunstwerke. Nürnberg zum Beispiel lagerte seine in einem Bunker ein. Oder war man doch einfach nur so naiv, der Falschinformation zu glauben, Würzburg läge außerhalb der Reichweite der alliierten Bomber? 16. März 1945. Um 21.07 Uhr rufen Sirenen die Menschen in die Luftschutzkeller. Um 21.25 Uhr markiert ein Regen aus Leuchtbomben, wo genau eine Flotte aus gut 250 Maschinen zunächst mit Sprengbomben die Dächer von den Häusern fetzen soll, um dann mittels 300.000 Brandbomben ein Inferno zu entfachen.

Aus dem Inneren ihres stolzen Doms blieb den Würzburgern so gut wie nichts. Und da 1946 ein wichtiger Teil des notgesicherten Mauerskeletts einstürzte, auch von außen nur wenig. Der Wiederaufbau wurde ausgerechnet in die Hand eines Architekten gelegt, der zuvor die Umgestaltung der Stadt im Geist Adolf Hitlers geplant hatte. »Der Herr hat es gegeben, der Herr hat es genommen«, heißt es im Hirtenwort des Würzburger Diözesanblatts vom 6. April 1945 weiter, das den Gläubigen erstmals das Ausmaß der Schäden aufzeigte. »Eines tröstet uns: Selten ist (…) so viel gebetet worden als in dieser Nacht.«

Adresse Dom St. Kilian, Domstraße 40, 97070 Würzburg, www.dom-wuerzburg.de | **Öffnungszeiten** Kirche täglich 9.30–17.30 Uhr, Domschatz siehe Website, Konfession: katholisch, Gottesdienst: täglich, die Zeiten können wechseln, siehe Website | **Tipp** Das 2003 eröffnete Museum am Dom stellt vordergründig nicht religiöse Gemälde und Skulpturen der Moderne sakralen Werken aus allen Epochen der Kirchenkunst gegenüber.

36 Käppele

265 Stufen oberhalb der Welt

Nimmt man die katholische Kirche beim Wort, war leider mehrere Generationen lang die Mühe vergeblich, zu der 70 Höhenmeter oberhalb des Mains gelegenen Wallfahrtsstätte aufzusteigen. Fürbitten, die von dort gesprochen wurden, kamen bei Gott nicht an. Denn das 1748 bis 1750 von Balthasar Neumann zu einem Hauptwerk des fränkischen Rokoko ausgebaute, 1778 bis 1781 noch einmal umgestaltete Käppele war für lange Jahre nicht sein Haus. Die Begeisterung des Fürstbischofs für die Ideen der Aufklärung und später die mit dem Anschluss an Bayern erlassenen Verbote religiöser Traditionen hatten dazu geführt, dass der eigenwillig geformte Kuppelbau erst 1824 zu einer Kirche geweiht werden konnte.

Die Dramaturgie, die sein Planer Balthasar Neumann dem weitläufigen Ensemble eingeschrieben hat, ist einzigartig. Das Spiel beginnt auf halber Höhe des Nikolausbergs. Dort nimmt den Wallfahrer eine Treppenanlage in Empfang, die seinen Körper auf Extrembeanspruchung schalten, Glückshormone ausschütten lässt. Über 265 Stufen wuchtet man sein Eigengewicht bergan. Fünf Plattformen – auf der zweiten: ein Fußabdruck Marias – helfen, den richtigen Rhythmus zu finden. Hat man die Terrasse der Kirche erreicht: eine Aussicht, die überwältigt.

Hinter dem Eingangsportal Dunkelheit. Sobald sich die Augen daran gewöhnt haben, beginnt die Reizüberflutung. Man ist wie unter Drogen, wenn man auf die große Seitenkapelle zusteuert, in der eine 1642 von einem Fischerjungen aufgefundene wundertätige Pieta darum bittet, ihr seine tiefsten Sorgen und Wünsche anzuvertrauen. Kerzen werden angezündet. Touristen, ungetauft, die, von der Mystik des Käppele erfasst, plötzlich gläubig sind. In einem bescheidenen Türsturz den Weg zurück ins Weltliche erkennen, vorbei an Dutzenden Votivgaben, die die Hilfe Marias bezeugen – kaltgelassen hat dieses Wunder der sakralen Baukunst noch niemanden.

Adresse Käppele/Wallfahrtskirche Mariä Heimsuchung, Spittelbergweg 21, 97082 Würzburg, www.kaeppele-wuerzburg.de | **Öffnungszeiten** täglich, Winterzeit 8–16 Uhr, Sommerzeit 8–18 Uhr, Konfession: katholisch, Gottesdienst: täglich 9.30 Uhr, So zudem 11 Uhr und 17 Uhr | **Tipp** Im Hof der Würzburger Theresienklinik versteckt sich ein kunsthistorisches Kleinod. Die Decke der 1492 erbauten Allendorf-Kapelle ist als Lexikon der Heilkräuter gestaltet.

37 Neumünster

Vergebung stattgegeben

Es mag zynisch sein, die eine Apokalypse, die 1945 in Form eines Bombenhagels über Würzburg hereinbrach, gegen die andere aufzurechnen: das Wüten der Bevollmächtigten von 1803, die die Kirchen und Klöster für den neuen Landesherrn, den Kurfürsten von Bayern, nach allem Wertvollen durchwühlten. Eine Tonne Silber und 27 Kilogramm Gold schickten sie zum Beispiel am 25. Juni nach München – zwecks leichterem Transport klein gehackte Monstranzen, Reliquiare und anderes Kircheninventar. Bamberg, dem es 1803 genauso erging, das dann aber vom Bombenkrieg verschont blieb, hasst die Münchner noch heute aus vollem Herzen. 1945 neu traumatisiert, konnte in Würzburg hingegen eine Aussöhnung stattfinden.

Ohnmächtig hatten die Würzburger 1803 auch dabei zusehen müssen, wie aus jener Kirche, die für viele noch bedeutender war als der benachbarte Dom, ihr Allerheiligstes verschwand. Im 8. Jahrhundert exakt über jenem Ort errichtet, an dem der irische Missionar Kilian von einem Getreuen einer weiterhin heidnischen Gepflogenheiten zugeneigten Herzogin abgestochen wurde, entwickelte sich die Grablege des Frankenapostels im Lauf der Jahrhunderte zu einem Prachtbau ersten Ranges. Den mittelalterlichen Reliquienschrein ließ der von der Isar angereiste Kommissär einschmelzen. Das alte Glump. Ob es sich bei seinem Inhalt, der 1841 wiederauftauchte, wirklich um Knochen Kilians handelt? Eine Glaubensfrage.

Im Gegensatz zum Dom erlaubte der Zustand des ebenfalls schwer getroffenen Neumünsters einen beinahe originalgetreuen Wiederaufbau. Man sieht es den ins Zentrum der Aufmerksamkeit gesetzten Büsten von Kilian und seinen Mitmissionaren nicht an, dass sie die 1945 verbrannten Originalskulpturen ersetzen. Unten in der Krypta ein neuer Kiliansschrein. Der Schädel des Heiligen wieder da, wo er hingehört: drüben im Dom. Die Welt, sie kann sich weiter drehen. Alles ist wieder in Ordnung.

Adresse Neumünster, Kürschnerhof 2, 97070 Würzburg, www.neumuenster-wuerzburg.de | Öffnungszeiten täglich 9–17 Uhr, Konfession: katholisch, Gottesdienst: wechselnd, siehe Website | Tipp Auch die nahe gotische Marienkapelle ging im Bombenhagel von 1945 unter und verlor einen Teil ihrer Kunstschätze.

38 Schottenkirche Don Bosco

Nach den Bomben entsorgt

Wanderer, die sich winkend verabschieden, nachdem sie aus dem Fond eines Autos geklettert sind und ihren Rucksack aus dem Kofferraum gewuchtet haben, dürften so ziemlich die einzigen Auswärtigen sein, die dem Würzburger Schottenanger ihre Aufwartung machen. 1139 gründete dort der aus Regensburg an den Main gekommene, irischstämmige Benediktiner und Stadtheilige Makarius ein Kloster, in dem sich Pilger aus aller Herren Länder von den Strapazen ihres oft wochenlangen Fußmarsches erholen konnten. Dem Armutsgelöbnis verpflichtet, soll er das Wunder vollbracht haben, Wein, der ihm an Fastentagen aufgedrängt wurde, in Wasser zu verwandeln. Heute sind der Platz und seine nun Don Bosco geweihte Kirche der Startpunkt des fränkischen Jakobswegs.

Auf jedem Quadratzentimeter: Blech. Als wäre er ein Garten, in dem Pkws gezüchtet werden. Ein vorsorglich zur Seite ausgewichenes Denkmal, das an einen Hirtenbuben namens Hans Behem erinnert. Aus Angst, dass seine Predigten, die bis zu 40.000 Zuhörer anlockten, einen Aufstand vom Zaun brechen könnten, ließ der Würzburger Fürstbischof hier 1476 erst zwei willkürlich Verhaftete köpfen. Dann übergab man den als Pfeifer von Niklashausen bekannten Jungen dem Scheiterhaufen. Der hohe Herr hätte ihm lieber bei lebendigem Leib die Haut abziehen lassen. Aber dafür hätte er ihm politische Motive nachweisen müssen.

Dem Zweck und der Effizienz huldigende Fassaden aus allen Epochen der Nachkriegszeit. Wie die Häuser, so auch das Gotteshaus, in dem die orthodoxe Gemeinde eine Heimat gefunden hat. Der Zweite Weltkrieg hat das Altstadtviertel nördlich des Marienbergs als Trümmerwüste hinterlassen, der Eifer des Wiederaufbaus die einzige intakte Fassade der romanischen Klosterkirche vernichtet. Wer das Franken der Kirchen und des Glaubens in all seinen Facetten gesehen haben will, muss nun einmal leider auch in einen sauren Apfel gebissen haben.

Adresse Schottenkirche / Don-Bosco-Kirche / ehemals St. Jakob, Schottenanger 15, 97082 Würzburg | **Öffnungszeiten** nur zu besonderen Anlässen zugänglich, Konfession: katholisch und russisch-orthodox, Gottesdienst: katholisch Do 17 Uhr, russisch-orthodox Mi 19 Uhr, Sa 18 Uhr und So 9.30 Uhr | **Tipp** Die gotische Deutschhauskirche ist das einzige Gotteshaus in Würzburg, das den Zweiten Weltkrieg unbeschadet überstand. Allerdings ging ihre Innenausstattung bereits während der Säkularisierung verloren.

39_Zeiler Käppele

1.700 Kilometer nah

In Unterfranken kennt jedes Kind zwei Gotteshäuser, die sich einen Namen teilen. Dadurch wird seine Herkunft zu deuten noch lange nicht zum Kinderspiel. Wider Erwarten leitet sich das Wort Käppele nicht von Kapelle ab. Das älteste Beispiel dieses Kirchentyps steht bei Bärnau in der Oberpfalz, 1354 wurde es etwas außerhalb des Städtchens auf einen wohl schon zu keltischen Zeiten als Heiligtum genutzten Hügel gestellt. Meist handelt es sich bei einem Käppele um eine Wallfahrtskirche. Immer grüßt es von einem Bergrücken oder Bergsporn herunter – einer Kuppe.

Die spektakuläre Differenz von 140 Höhenmetern, die das schmucke Fachwerkstädtchen Zeil von dessen Käppele trennt, ist ein eindeutiges Indiz für einen atemberaubend weiten Ausblick. Tatsächlich nimmt die Mehrheit den auch mit dem Auto nur bedingt komfortablen Weg auf den heiligen Berg auf sich, weil ihr dort oben das breite Tal des Mains zu Füßen liegt. Für die Gläubigen ist die Lourdesgrotte das Ziel. Anstelle des linken Seitenaltars ließ sie Zeils Stadtpfarrer Karl Link 1897 in die von ihm initiierte, im neuromanischen Stil ausgeführte Bergkirche einbauen. Nach katholischer Lehre ist das Käppele dank ihr noch heute eine gleichwertige Alternative zu einer Wallfahrt in die fast 1.700 Kilometer entfernte Hauptstadt der wundertätigen Heilungen.

Als Karl Link 1882 unten in Zeil eine Pfarrstelle antrat, trug der Berg lediglich eine Kreuzigungsgruppe, zu der ein Kreuzweg hinaufführte – und eine kleine Andachtsstätte, die knapp sechs Jahrzehnte nach der Aufhebung des Wallfahrtsverbots 1825 noch immer im Dämmerschlaf lag. Links ehrgeizige Idee eines fränkischen Lourdes zündete. Als das im Zweiten Weltkrieg schwer beschädigte Käppele 1954 wiederhergestellt wurde, verlegte man die Replik jener Grotte, an deren Original die 14-jährige Bernadette Soubirous der Muttergottes begegnet war, in eine separate dunkle Kapelle.

Adresse Zeiler Käppele, Kapellenberg 1, 97475 Zeil am Main, www.am-weinstock-jesu.de | Öffnungszeiten Sommer Kirche und Lourdesgrotte 9–18 Uhr, Winter nur Lourdesgrotte (Seiteneingang) 9–18 Uhr, Konfession: katholisch, Gottesdienst: Ende März–Ende Nov. Do 18 Uhr, So ganzjährig 18 Uhr, weitere siehe Website | Tipp Unten in Zeil erinnert das Hexenmuseum an das wohl dunkelste Kapitel der Bamberger Kirchengeschichte, am gegenüberliegenden Mainufer die Wallfahrtskirche Maria Limbach an die wundertätige Heilung eines Hüftschadens, an dem Fürstbischof Friedrich Karl von Schönborn litt.

40 Stadtkirche St. Laurentius

Das Troja des evangelischen Franken

»Wenn man unterrichtet, schweifen die Gedanken des Knaben umher, und damit es gelingt, muss dasselbe 600 Mal in ihn hineingestampft werden, bis er es auch gegen seinen Willen behält.« Mit diesen martialischen Worten skizzierte der Vater des protestantischen Bildungswesens eine Pädagogik, die den Ruf seines Weggefährten Martin Luther nach einem neuen Typ Schule unterstrich. 1526 konzipierte Philipp Melanchthon in Nürnberg ein Mustergymnasium, das allerdings erst in das 25 Kilometer südöstlich gelegene Altdorf umziehen musste, bevor es sich zu einer der führenden Universitäten des Landes entwickelte. So gut wie alle evangelischen Pfarrer Frankens wurden dort ausgebildet.

Einzigartig: die verglasten, links und rechts vor der Choröffnung platzierten Kabinen. Sie waren für die Frauen und Kinder des Universitätspersonals reserviert, konnten beheizt werden. Auf gleicher Höhe, aber der Kälte ausgesetzt: das Gestühl für die gemeinen Altdorfer. Über ihren Köpfen: zwei Emporen, die bis zum Chorraum ausgreifen. Auf der kurzen, dem Altar gegenüberliegenden Seite markieren ein Baldachin und ein Wappenschild den Platz des Rektors. Zu seinen Seiten: der Lehrkörper und an den Längsseiten schließlich die Studenten, die bereits im zarten Alter von 13, 14 Jahren nach Altdorf kamen.

Wie ein roter Faden zieht sich der evangelische Gemeinde- und Verhaltenskodex, die Kirchenzucht, durch das Interieur der ehemaligen Universitätskirche. In St. Laurentius dem Gottesdienst beizuwohnen war für die Studenten, die Professoren und ihre Angehörigen Pflicht. Baukunst, die erzieht. Befremdlich. Aber in dieser ursprünglich gotischen, ab 1753 mit Ausnahme des Chors von Grund auf neu aufgemauerten, gerade wegen ihrer Strenge überwältigend hübschen Kirche meisterhaft umgesetzt. »Die Jugend recht bilden«, so Philipp Melanchthon, ist halt »etwas mehr als Troja erobern«.

Adresse ehemalige Universitätskirche / Stadtkirche St. Laurentius, Kirchgasse 10, 90518 Altdorf bei Nürnberg, www.evangelisch-in-altdorf.de | **Öffnungszeiten** täglich tagsüber frei zugänglich, Konfession: evangelisch, Gottesdienst: siehe Website | **Tipp** Die von Philipp Melanchthon konzipierte Schule bezog 1526 das Kloster am Egidienberg. Dessen damals noch romanisches Gotteshaus präsentiert sich heute als die einzige barocke Kirche Nürnbergs.

41 St. Gumbertus

Studiensaal der Eleganz

1525 erlebte die Ansbacher St.-Gumbertus-Kirche einen theologischen Erdrutsch. Wie eh und je vollzog der Pfarrer die Wandlung. Dann aber gab er den Leib Christi in beiderlei Gestalt an die Anwesenden weiter. Damit war dort zum allerersten Mal eine der zentralen Forderungen der Reformation erfüllt, die Kelchkommunion. Markgraf Georg der Fromme, Freund und Parteigänger Martin Luthers und Strippenzieher für ein protestantisches Franken, hatte sich durchgesetzt. Bis das neue Bekenntnis auch architektonisch greifbar wurde, sich die zu seinen Lebzeiten bereits uralte Hauptkirche seiner Residenzstadt in das Musterbeispiel eines evangelischen Gotteshauses verwandelte, sollten allerdings noch 200 Jahre ins Land ziehen.

St. Gumbertus präsentiert sich heute als die eleganteste aller evangelischen Kirchen in Franken. Zugleich ist die auf ein 748 gegründetes Kloster zurückgehende, 1738 letztmals radikal veränderte Hauskirche der Ansbacher Markgrafen ein Kuriosum. Im selben Atemzug, in dem sie für einen radikalen Bruch mit der damals althergebrachten Sakralbautradition plädiert, praktiziert sie dessen Kontinuität.

Für den ursprünglich angedachten Komplettabriss und -neubau fehlte das Geld. Man entschied sich, aus dem vorhandenen gotischen Raumgefüge das Mittel- und ein Seitenschiff des Langhauses herauszuschneiden. In die Lücke zwischen dem Hauptportal und dem Chor passte man einen spektakulär voluminösen Raum ein. Er wirkt wie der Studiensaal einer Volksuniversität mit Platz für jedermann. Lichtdurchflutet. Ohne Dekor, der ja nur ablenken würde. Einziges Schmuckstück: die Kanzel. Der ihr vorgelagerte Altar ist eine Zutat des 19. Jahrhunderts. Bis dahin zog man sich für das Abendmahl in den mit mittelalterlicher Kunst gespickten Chorraum zurück. Auch der älteste Teil der Kirche, die um 1024 entstandene Krypta, behielt ihre Funktion als Grablege der Regentenfamilie bei.

Adresse St. Gumbertus, Gumbertusplatz 1, 91522 Ansbach, www.gumbertus.de | **Öffnungszeiten** täglich tagsüber frei zugänglich, Konfession: evangelisch, Gottesdienst: So 9.30 Uhr, weitere siehe Website | **Tipp** Der im Zug der Reformation ausrangierte Renaissance-Altar von St. Gumbertus steht heute in Ansbachs zweiter historischer Großkirche, St. Johannis.

42 Synagoge Ansbach

Dem Wüten entgangen

Verdammt hübsch muss sie gewesen sein. Die Tochter des Ansbacher Hofmalers Johann Carl Zierl. Wie der Markgraf Carl Wilhelm Friedrich 1740 schmerzhaft feststellte, hatte die 16-Jährige ihre Unschuld aber nicht für ihn aufgespart – und obendrein die Syphilis ins Liebensnest eingeschleppt. Schon klar, dass man außer dem Maadla auch den Nebenbuhler, einen Höfling namens Isaak Nathan, in Untersuchungshaft steckte. Hätte sich diese Geschichte nur ein paar Jahre früher ereignet, wäre eines der schönsten jüdischen Gotteshäuser, die die NS-Zeit wie durch ein Wunder überstanden, wohl nie gebaut worden.

Es war ein strategischer Schachzug, dass ein Vorfahr des blaublütigen Schürzenjägers 1609 den erst kurz zuvor vertriebenen Juden erlaubte, nach Ansbach zurückzukehren. Ohne ihre Handelsbeziehungen und ihre Kredite kein Aufstieg in die erste Riege der Fürstenhäuser. 1732 erlaubte ihnen der noch blutjunge Carl Wilhelm Friedrich, eine Synagoge zu bauen. Auf Bitten eines seiner Finanzjongleure: Isaak Nathan. Da auch den Juden auferlegt wurde, die Umgestaltung der Gumbertuskirche mitzufinanzieren, konnten erst 1744 erste bauliche Tatsachen in Sachen Synagoge geschaffen werden. Wenige Monate bevor in der jüdischen Gemeinde einmal mehr die Angst umging. Die Anklage gegen den Nebenbuhler ihrer Majestät wurde um einen Punkt erweitert, der alle in Gefahr brachte: Verhöhnung der Christenheit.

Dass die Synagoge von niemand Geringerem als Leopoldo Retti entworfen wurde, dem kreativen Kopf hinter der Gumbertuskirche, vermag nicht darüber hinwegzutäuschen, dass sie von außen nicht als solche zu erkennen sein durfte. Erst wenn man einen kleinen Vorraum hinter sich gelassen hat, entfaltet sich die für den Architekturstar typische Unbekümmertheit des Spätbarocks. Auf kleinem Raum. Im Erdgeschoss lässt das Lesepodium, die Bima, nur wenig Platz. 1789 lebten in Ansbach gerade einmal 350 Juden.

Adresse Synagoge Ansbach, Rosenbadstraße 3, 91522 Ansbach, www.synagoge-ansbach.de | **Öffnungszeiten** Mai – Sept. 2. und 4. So des Monats 15 – 17 Uhr, Konfession: ehemals jüdisch, Gottesdienst: nie | **Tipp** Inhaftiert wurden die junge Malertochter und ihr jüdischer Geliebter auf der Festung Wülzburg bei Weißenburg. Sie starb dort 1742. Isaak Nathan wurde 1745 aus der Haft entlassen, die Anklage in allen Punkten fallen gelassen.

43 Museum Kirche in Franken

Der Wald der fünf Ebenen

Kaum war das Flammenmeer gelöscht, das das Symbol der Grande Nation wie ein Kartenhaus in sich zusammenstürzen ließ, da hatten die Experten bereits erste Zahlen parat. 2.000 Eichen mit einem Alter von um die 200 Jahre würden nötig sein, um den Dachstuhl von Notre-Dame originalgetreu neu aufzurichten. Zwar mag das Wahrzeichen des eleganten Paris über jeden Vergleich mit einer nordbayerischen Dorfkirche erhaben sein. Legt man aber dennoch seinen Bedarf an Balken Pi mal Daumen auf die bestimmt vierstellige Anzahl der klassisch eingedeckten Kirchen in Franken um, erhält man ein Gefühl für die unendlichen Wälder, die über den Häuptern der Betenden verbaut sind.

Die Spitalkirche des Fachwerkstädtchens Bad Windsheim bietet die Möglichkeit, sich die Sache ganz genau anzusehen. Stellvertretend für die gefühlt 5.000 fränkischen Gotteshäuser darf man ihr auch unter die Dachziegel spitzen. Seit 2006 beherbergt die 1416 bis 1421 als Kopfbau eines mittelalterlichen Krankenhauses errichtete, innen im Barock umgestaltete gotische Halle ein Museum, das die regionale Geschichte des christlichen Glaubens in all seinen Facetten ausleuchtet. Wer noch nicht weiß, was typisch evangelisch auf Fränkisch bedeutet, hier werden seine Fragen beantwortet.

Der Dachstuhl, den der Besucher über eine an die Außenfassade angefügte Treppe erreicht, ist ein nach den höheren Gesetzen der Statik geordnetes Chaos aus Schrägen und Geraden, bei dem es sich auf den ersten Eindruck nur um moderne, abstrakte Kunst handeln kann. Ein Meisterwerk des Konstruktivisten László Moholy-Nagy, aber in 3-D, damit sich die Augen noch länger nicht sattsehen können. Da über dem Langhaus eine extrem steile Dachneigung von 62 Grad gewünscht war, gliederten die Zimmerer die über 15 Meter hohe Konstruktion in fünf Ebenen. Wie die Jahresringe beweisen, musste bis heute kaum einer der Originalbalken ausgetauscht werden.

Adresse Museum Kirche in Franken/Spitalkirche, Rothenburger Straße 16, 91438 Bad Windsheim, www.freilandmuseum.de | **Öffnungszeiten** 1. So im März–Okt täglich 10–12.30 und 13–18 Uhr, Nov.–3. Advent Di–Sa 10.30–16 Uhr, So 10–12.30 und 13–16 Uhr, Konfession: profanisiert, Gottesdienst: nie | **Tipp** Das Museum Kirche in Franken ist eine Außenstelle des keine 500 Meter entfernten Fränkischen Freilandmuseums, in dem jüngst eine mittelalterliche Dorfsynagoge ein neues Zuhause gefunden hat.

44 St. Peter und Paul

Zu klein für die ganz große Kunst

Anstatt ihrer Pflicht nachzukommen und alles, wirklich alles, worüber sich streiten ließe, durch Normierung zu befrieden, hat es die Brüssler Bürokratie sträflich unterlassen, Vorgaben zur exakten Erfassung des Idyllgrads von Dörfern zu entwickeln. Blass, stumm und unsicher, weil gezwungen, ein eigenes Urteil zu fällen, steht man jetzt da. 100 Höhenmeter unterhalb der Silhouette des Mittelalter-Wunders Rothenburg. In Detwang, einer direkt an der fröhlich plätschernden Tauber gelegenen, 170 Einwohner kleinen Sammlung schöner, alter, aber nobler Häuser. Und fühlt sich gezwungen, sich mit einer einfachen Abhakliste zu behelfen. Bei Linde und Gasthaus ein Kreuz. Bei Misthaufen nicht.

Überregional bekannt ist Detwang für einen Flügelaltar, den kein Geringerer als Tilman Riemenschneider 1505 bis 1508 geschnitzt hat. Genauer gesagt eine dreiteilige Kreuzigungsdarstellung, die seiner Werkstatt zugeschrieben wird und die sich als zu breit erwies, als man sie aus einer der Stadtkirchen in das heimelige einschiffige Gotteshaus herunterbrachte. Obwohl die heutige Version daher 40 Zentimeter schmäler als das Original ist, zieht sie die Aufmerksamkeit der Besucher auf sich, sodass diese kaum mehr einen Blick für anderes übrig haben.

Dabei ist doch die eigentliche Attraktion die Kirche selbst. Ihr Baubeginn datiert auf 961. Viele Generationen hatten dort bereits die Taufe empfangen, als Detwang 1142 in den Besitz des Stauferkönigs Konrad III. gelangte und dieser auf einem militärisch vorteilhaften Bergsporn oberhalb des Dorfs Rothenburg gründete. Noch interessanter: Neben dem romanischen Gotteshaus blieb auch dessen unmittelbares Umfeld im Wesentlichen unverändert erhalten. Der Kirchhof, der bis heute als Friedhof dient, ist ummauert und nur an einer Stelle durch ein Torhaus zugänglich. Heute eine absolute Rarität, war das früher die Norm.

Adresse St.-Peter-und-Pauls-Kirche, Detwang 30, 91541 Rothenburg ob der Tauber-Detwang, www.rothenburg-evangelisch.de | Öffnungszeiten April–Okt. Mo–Sa 14–16 Uhr, So 10–12 Uhr, Konfession: evangelisch, Gottesdienst: So 9 Uhr | Tipp Die nahe Wallfahrtskirche Unsere liebe Frau zu Kobolzell war die erste in der Region, deren vermeintlich wundersame Muttergottes die Aufständischen im Bauernkrieg von 1525 zerstörten.

45 Münster St. Georg

Statt kopflos nur mit einem Bein

Natürlich muss sich in der schönsten jener Fachwerkstädte, die sich an der Romanischen Straße wie Perlen aneinanderreihen, auch das Gotteshaus an das Versprechen halten, dass hier seit 400 Jahren alles beim Alten geblieben ist. Optisch. Aber auch mental. Folkloristische Schelmenstreiche inklusive.

Der ab 1448 in mehreren Schritten einer spätromanischen Basilika übergestülpten Wandelhalle gelingt es mit Leichtigkeit, den Besucher in ihren Bann zu ziehen. Auf 77 Meter Länge erzeugen 22 frei stehende achteckige Pfeiler die Illusion, die bis zu 21 Meter weit in den Himmel hochgewuchtete Decke würde schweben. Der lichtdurchflutete Zankapfel der Konfessionen gilt als eine der beeindruckendsten Gewölbekonstruktionen überhaupt. Gotik vom Allerfeinsten! Ein guter Teil der Ausstattung ist original, bat schon vor der Fertigstellung zum Gebet. Dinkelsbühl schlug sich früh auf die Seite der Reformation. 1532 riss der Stadtrat das Entscheidungsrecht über kirchliche Belange an sich. 1549 intervenierte der Deutsche Kaiser, gab St. Georg in katholische Hände zurück. Obwohl 80 Prozent der Dinkelsbühler evangelisch waren, durften fortan nur noch die Romtreuen ihre Kinder auf Stadtgebiet taufen lassen.

Einen besonderen Thrill verspricht ein Altar im rechten Seitenschiff. Erst aus der Nähe stellt er sich als gläsernes Grab heraus. Zuletzt vollständig gesehen wurde das Skelett des Märtyrers Aurelius, den Kaiser Nero hatte köpfen lassen, am 22. März 2010 um exakt 14.57 Uhr von einer italienischen Reisegruppe. Um exakt 15.08 Uhr: Alarm! Die Polizei, noch ganz außer Atem, sichert die aus dem Schrein gezerrte Leiche. Dem ersten Anschein nach ist alles da – bis auf ein Bein. Ganz Dinkelsbühl hält seither nach Unterschenkelknochen Ausschau. Eine Bitte: Damit das gestohlene Glied zu seinem Heiligen zurückfindet, eine Opferkerze anzünden! Katholiken schwören darauf, dass das hilft.

Adresse Münster St. Georg, Marktplatz 1, 91550 Dinkelsbühl, www.st-georg-dinkelsbuehl.de | Öffnungszeiten Sommerzeit täglich 9–19 Uhr, Winterzeit täglich 9–17 Uhr, Konfession: katholisch, Gottesdienst: Mi und Fr 9 Uhr, So (außer während der Schulferien) 10.30 Uhr, weitere siehe Website | Tipp 1567 bekamen die Evangelischen in Dinkelsbühl endlich ihr erstes Gotteshaus zurück, die Spitalkirche.

46 Schlosskirche

Im Zeichen des Armutsgelübdes

Armut ist – das hat die Geschichte wiederholt gezeigt – nicht nur für diejenigen ein Unglück, die sie am eignen Leib erfahren. Als zum Beispiel 1789 in Paris der Volkszorn wie ein überhitzter Dampfkochtopf explodierte, sahen sich plötzlich die Reichen vor die Wahl gestellt, entweder nichts als ihre nackte Haut ins Ausland zu retten oder bald gänzlich kopflos unterzugehen. Verrückt ist, dass es um 1095 fast genauso weit gekommen wäre. Aber aus entgegengesetzten Gründen. Damals war der Wohlstand schuld. Er war so groß, dass mehr Jungs zu testosterongesteuerten Waffenträgern heranwuchsen, als sich durch Krieg verschleißen ließen. Der Papst rief sie zu einem Kreuzzug gegen Jerusalem, wo sie den unvermeidlichen Schaden an anderer Leute Leib und Leben dann fern ihres Zuhauses anrichteten.

Die langfristigen Folgen, die dieser Schachzug nach sich gezogen hat, kann man sich bei einem Ausflug in das mittelfränkische Barockstädtchen Ellingen vor Augen führen. Anstatt zu sterben, schlossen sich die Abgeschobenen zu einer Bruderschaft zusammen. Streng hierarchisch organisiert, international aktiv und neben dem Papst nur sich selbst und der Keuschheit verpflichtet, bildete das Sammelbecken der nachgeborenen Adelssprösslinge bald einen neuen Machtfaktor, mit dem sich Europas Herrscher arrangieren mussten.

Das ab 1717 auf den Fundamenten einer Burg erbaute Ellinger Residenzschloss stellt den immensen Reichtum zur Schau, den die fränkische Sektion des Deutschen Ordens in sechs Jahrhunderten angehäuft hatte. Doppelmoral inklusive. Durch einen Gebäuderiegel von der Stadt abgeschirmt, bildet die Schlosskirche das Herzstück der Anlage. Während ein Dachreiter nach außen signalisierte, dass die Bauherren dem Armutsgelübde folgten, frönten sie im Inneren, wo ihnen keiner auf die Finger sehen konnte, dem Hang des Barocks zu Verschwendung und Maßlosigkeit.

Adresse Residenz und Schlosskirche Ellingen, Schloßstraße 9, 91792 Ellingen | **Öffnungszeiten** nur mit Führung (Beginn zu jeder vollen Stunde): April–Sept. Di–So 9–18 Uhr, Okt.–März Di–So 10–16 Uhr, Konfession: ehemals katholisch, jetzt ökumenisch, Gottesdienst: nur zu besonderen Anlässen | **Tipp** Die Kirche des Deutschherrenschlosses in Absberg ist von außen ebenfalls allein an der Position des Dachreiters zu erkennen.

47 Hugenottenkirche

Aus Glaube an die Wirtschaft

Ein zwölfeckiger, von einem Ring aus Säulen umkränzter Saal, der eine in elf Logen gegliederte Empore trägt. Zu ebener Erde mit langen hölzernen Sitzbänken vollgestellt. Lichtdurchflutet. Alle Blicke auf eine zwölfte Nische ausgerichtet, in der das einzige Möbel steht, das als Schmuckstück gearbeitet ist. Keine Bilder. Keine Skulpturen. Kein Altar. Allein die frei stehende Kanzel verrät, dass es sich bei der großartigsten Raumkomposition, die in Erlangen zu finden ist, um das Innere einer Kirche handelt.

Als Johann Moritz Richter, Städteplaner und Hofarchitekt des Bayreuther Markgrafen Christian Ernst, am 14. Juli 1686 den Grundstein des Gotteshauses legte, war dies zugleich der Startschuss, um ein utopisches Planspiel aus der Studierstube in die Realität zu transferieren. Im Oktober des vorangegangenen Jahres hatte der französische König seinen reformierten Untertanen den Religionsfrieden aufgekündigt. Christian Ernst sah in den 200.000 Hugenotten, die deshalb aus ihrer Heimat flohen, das Humankapital für eine Musterstadt neuen Typs. Unsummen würde sie ihm in seine Kassen spülen.

Damals auf die grüne Wiese gestellt, heute zwischen Erlangens zentralen Verkehrsknoten eingeklemmt, dem Bahnhof und dem Busterminal, verkörpert die Hugenottenkirche die calvinische Lesart der Bibel und damit den Glauben der 1.500 zum Bleiben eingeladenen Flüchtlinge. Als 1736 der Kirchturm dazukam, schien der Plan aufgegangen zu sein. Einmal abgesehen vom Hass der Alt-Erlanger, die sich durch permanente Gewaltausbrüche dafür entschädigten, nicht ebenfalls in den Genuss von Steuererleichterungen gekommen zu sein. Historikern sind die Ursachen für den steilen Absturz unklar, den das mehr als einträgliche Strumpfhandwerk der Hugenotten 100 Jahre nach ihrer Ankunft erfuhr. Mit der Armut zog aber endlich auch Frieden in Erlangen ein, denn sie bewies: Vor Gott sind alle Reformierten gleich.

Adresse Hugenottenkirche, Hugenottenplatz 2, 91054 Erlangen, www.hugenottenkirche.de | Öffnungszeiten nur zu besonderen Anlässen, Konfession: calvinistisch, Gottesdienst: unregelmäßig, siehe Website | Tipp Für lutheranische Neubürger sah die Musterstadt Erlangen ein eigenes Gotteshaus vor, mit dessen Bau man 1722 begann: die Neustädter Kirche.

48 Christkönigkirche

Mit voller Wucht zurück

Ästhetisch empfindsame Gemüter werden sich schwertun, dem Fürther Außenviertel Schwand etwas abzugewinnen, das ab Ende des 19. Jahrhunderts einen bis dahin unbebauten Hügel so gemächlich wie zielstrebig mit Wohnraum überwucherte. Mit rein aufs Praktische ausgerichteter, kostenbewusster Nicht-Architektur. Umso größer die Wucht, mit der der rote Kubus der Christkönigkirche aus dem Siedlungsbrei heraussticht. Durchaus erfolgreich verkörpert er den Versuch, Fürth den Katholizismus neu einzuschreiben.

Die Geschichte des monumentalen, bewusst an eine Hauptausfallstraße platzierten Gotteshauses beginnt lange vor seinem Bau. Schon im 19. Jahrhundert war das wirtschaftlich prosperierende Industriedreieck Nürnberg – Fürth – Erlangen auf den Zuzug von Arbeitskräften angewiesen, wodurch Tausende Familien ihren katholischen Glauben in die bis dahin rein evangelische Region brachten. Als sich 1945 15.000 Heimatvertriebene in Fürth ein neues Zuhause einrichteten, sah das Bistum Bamberg die Zeit für die Ansage gekommen, in der Stadt zurück zu sein, die bis 1796 der Reformation zum Trotz zu einem Drittel ihm gehört hatte.

1939 karrte man vom nahen Flughafen Atzenhof eine Baracke an, die vorerst als Notkirche ausreichte. 1952 folgten ein Pfarrhaus, ein Kindergarten und ein Kloster, das bis 2010 bestand. Die Kirche selbst wurde erst 1959 in Angriff genommen. Der Langenzenner Architekt Friedrich Richter ließ sie aus Backstein aufmauern, wodurch sie trotz ihrer überdehnten Proportionen nicht arrogant, an ihrer Frontseite dank eines aus den Ziegeln gearbeiteten Christusreliefs sogar einladend wirkt. 40 Meter lang, bis zu 20 Meter breit und vor allem 15,5 Meter hoch. Eine gigantische Halle. Dank bunter Fenster in eine Lichtstimmung getaucht, die trotz ständigem Wechsel stets meditativ bleibt. So groß, dass sie die lutheranische Konkurrenz locker in den Schatten stellt.

Adresse Christkönigkirche, Friedrich-Ebert-Straße 5, 90766 Fürth, www.christkoenig-fuerth.de | **Öffnungszeiten** täglich tagsüber frei zugänglich, Konfession: katholisch, Gottesdienst: So 10.30 Uhr, weitere siehe Website | **Tipp** Fürths Innenstadtkirche St. Michael ist das einzige Gebäude, das der Stadt aus der Zeit vor dem Dreißigjährigen Krieg erhalten blieb.

49__St. Martin mit Karner

Der immerwährende Gottesacker

Noch während des Zweiten Weltkriegs gehörte es in Frankens südlicher Grenzbastion zur Oberpfalz zum pädagogischen Standard, vorlaute Kinder zum höchsten Punkt des Städtchens zu scheuchen. Zur Kirche St. Martin. Genauer: in den Keller einer unmittelbar benachbarten Kapelle. Nicht der Schädel und Knochen wegen, die man dort akkurat aufgetürmt hatte. Damals hing im Beinhaus noch eine Hand von der Decke, deren Fleisch nicht – wie bei braven Menschen üblich – verwest war. »Fass sie ruhig an. So fühlt sich Gottes Strafe fürs Lügen an.«

Ursprünglich als Fluchtburg angelegt, gilt das Areal um die 1185 geweihte, nahezu unverändert erhaltene, umwerfend schöne Kirche St. Martin als eines der letzten offenen Bücher, die über den katholischen Totenkult vergangener Tage Auskunft geben – und das wuchtige dreischiffige Gotteshaus selbst als das größte Erbe der Romanik im Bistum Eichstätt. Ein Grab direkt neben seinen meterdicken Mauern erhöhte die Chance, ins Himmelreich einzugehen. Auch deshalb war der Friedhof, auf dem die Gredinger noch heute ihre Liebsten zur letzten Ruhe betten, nach nur 100 Jahren erstmals komplett belegt. Weil dennoch weiter gestorben wurde, grub man unter einer wohl zeitgleich entstandenen Kapelle Kellerräume. In diesen Karner konnte man fortan jene Teile des Körpers auslagern, die die Toten auf der Erde zurückließen, ihre Knochen und Schädel. Ein Grab im Inneren einer Kirche war dem Adel und dem Klerus vorbehalten.

Ein Beinhaus gehörte einst so selbstverständlich zu einem Friedhof dazu wie die Hostie zum Abendmahl. Der mit 2.500 Gebeinen gefüllte Karner von Greding ist das einzige Exemplar, das in Franken erhalten blieb. Dass einst auch eine mumifizierte Hand von der Decke hing, daran können sich nur noch die Alten erinnern. 1945 befand sie ein Soldat der US-Army für geeignet, sie als Souvenir auf die andere Seite des Großen Teichs mitzunehmen.

Adresse St. Martin, Am Kirchberg 17, 91171 Greding, www.pfarrverband-greding.de | Öffnungszeiten Kirche und Karner tagsüber frei zugänglich, Konfession: katholisch, Gottesdienst: siehe Website | Tipp Gredings zweite Altstadtkirche St. Jakobus wurde ab 1725 unter Beteiligung der bedeutendsten Eichstätter Künstler neu errichtet.

50__Katharinenkapelle

Eine Chance für die Liebe

Zu Tausenden dürften in den letzten Jahrzehnten Verliebte in ein kleines Dorf gefahren sein, das weit über die Region hinaus als der ideale Platz bekannt ist, um sich bei einem romantischen Picknick die Verlobungsringe anzustecken. Ein klarer, windiger, nicht zu heißer Tag: perfekt. Fehlen nur noch gutes Schuhwerk und ein Rucksack voll Proviant.

Weit ist er nicht, der Weg, der die Menschen seit Urzeiten vom kleinen Dorf Hechlingen auf den Kapellenberg hinaufführt. Der 100 Höhenmeter oberhalb des Orts thronende Sporn trägt ein ebenso magisches wie merkwürdiges Relikt aus längst vergangenen Zeiten. Tipp: Das Auto an der Durchfahrtsstraße in Richtung Heidenheim kurz vor dem Ortsausgang abstellen. Auf Höhe der Autowerkstatt Mößner, aber auf der anderen Straßenseite führt die Schafgasse zwischen zwei Gehöften hindurch. Nach nur wenigen Schritten wird aus ihr einer der prächtigsten Hohlwege, die sich in Franken erhalten haben. Der 250 Meter lange, bis zu neun Meter tief eingeschnittene Gang durch den Bauch der Erde spricht Urinstinkte an. So also geht Geborgenheit! Auf dem Fahrweg dahinter kommt man dem eigentlichen Ziel dann nur allmählich näher, da er es zunächst umkreist.

Man weiß nicht viel über eine der schönsten Ruinen Frankens, noch nicht einmal, wann genau die Landmarke, von der aus sich ein kolossaler Ausblick bietet, dem Verfall überlassen wurde. 1760 sollen die Hechlinger damit begonnen haben, Steine aus der Kapelle in ihren Höfen zu verbauen. Unter ihren Fundamenten, so wird vermutet, befand sich einst eine Burg. Aller Wahrscheinlichkeit nach überbauten sie die Adeligen selbst um 1450 mit einer Wallfahrtskirche, die aber kaum Zulauf erhielt. Noch schnell ein Stoßgebet zur Patronin des Gemäuers, der heiligen Katharina, die seit alters bei Knoten in der Zunge angerufen wird. Auf dass sich die Frage wie von selbst formuliert: »Nimmst du mich … für immer?«

Adresse Katharinenkapelle, 91719 Heidenheim-Hechlingen; mit dem Pkw an der Dorfkirche den ortsauswärts führenden Ast der Kirchenstraße wählen; an der 1. Gabelung links, an der 2. rechts abbiegen | **Öffnungszeiten** Tag und Nacht frei zugänglich, Konfession: archäologisches Denkmal, Gottesdienst: nur zu besonderen Anlässen wie dem jährlichen Kapellfest (Ende Aug.) | **Tipp** Zwei Kilometer südlich von Hechlingen liegt mitten im Wald die Blutrinne, ein keltischer Opferaltar. Erreichbar ist der einzige erhaltene Rest eines vorchristlichen Heiligtums nur über den Wanderweg Nummer 18.

51 Münster St. Wunibald

Dank seiner Rundungen geerdet

Wie jeder weiß, bauten die alten Römer auf ihrer Seite des Limes ein Netz aus Straßen. Es verband den äußersten Süden Frankens mit ihrer Urbs aeterna. Aber nicht alle Wege führten damals in die Ewige Stadt. Die Militärsiedlungen, die man zur Sicherung der Grenze von Ost nach West aneinandergereiht hatte, wollten ebenfalls miteinander verbunden werden. Dass die Autobahnen der Antike im 8. Jahrhundert noch weitgehend intakt waren, dürfte die berechtigte Frage beantworten, weshalb die Heiligen Willibald, Wunibald und Walburga ausgerechnet auf den Marktflecken Heidenheim kamen, als es galt, dem eben gegründeten Bistum Eichstätt ein Missionskloster zur Seite zu stellen.

In Franken lassen sich die Monumentalbauten, die die Stilepoche der Romanik repräsentieren, an einer Hand abzählen. Dem Münster von Heidenheim wird die Ehre zuteil, trotz eines 200 Jahre nach seiner Weihe angefügten gotischen Chors den Raumeindruck einer dreischiffigen Basilika, die in Sachen Dimensionen das Maximum des bautechnisch Möglichen anstrebte, am originalgetreusten zu vermitteln. Eine klar strukturierte, in die Länge gezogene Halle, die sich ihrer Aufgabe und Bedeutung bewusst ist. Von einem strengen, aber harmonischen Kontrast aus langen, schwebenden Geraden und Rundungen geprägt, welche die mit einer flachen Holzdecke verschlossene steinerne Wanne erden.

Ein leeres Grabmonument ist der ganze Stolz der ab 1182 innerhalb von nur vier Jahren auf den Fundamenten mehrerer Vorgänger erbauten Kirche. Es sollte die heilige Walburga ehren, die 761 die Leitung des Klosters Heidenheim übernahm, und die Reliquien Wunibalds aufnehmen, der es 752 gegründet hatte. Walburga war jedoch bereits um 870 nach Eichstätt umgebettet worden. Von Wunibalds sterblichen Überresten weiß man lediglich, dass die Markgrafen von Ansbach den Schädel 1606 verkauften.

Adresse Münster und Kloster St. Wunibald, Ringstraße 2 und 8, 91719 Heidenheim, www.kloster-heidenheim.eu | **Öffnungszeiten** Kirche täglich tagsüber frei zugänglich, Klostermuseum Nov.–März Sa, So 12–16 Uhr, April–Okt. Mi–So 11–17 Uhr, Konfession: evangelisch, Gottesdienst: siehe Website | **Tipp** Die 1656/57 neu errichtete Liobakirche in Tauberbischofsheim hält die Erinnerung an die heilige Walburga lebendig, die ihre ersten Jahre in Franken dort in einem Kloster verbrachte.

52 Münster Heilsbronn

So sprudelnd die Sage, so trocken die Wahrheit

Eine heilige Quelle, ein Heilsbrunnen ist der Namensgeber eines der überwältigendsten Bauwunder Frankens. Bei einem seiner Streifzüge übers Land muss es dem Herrgott aus der Tasche gefallen sein, anders lässt sich nicht erklären, wieso sich so ein Prachtstück ausgerechnet hier in der Provinz versteckt. Die Quelle sprudelt in jener Abteikirche, die sich das Adelsgeschlecht der Hohenzollern im Mittelalter als Grablege zu eigen machte. Am Fuß einer Treppe, die unter die letzte Ruhestätte der 1512 verstorbenen Anna, geborene Prinzessin von Sachsen, führt. Als Nürnberger Burggrafen und Markgrafen von Ansbach und Bayreuth bestimmten die Hohenzollern über Jahrhunderte das Schicksal Frankens, ab 1871 stellten sie den Deutschen Kaiser.

Entdeckt wurde die Quelle der Sage nach im 8. Jahrhundert von einem Ritter, der, durch einen Jagdunfall verletzt, durch die Gegend irrte. Das Nass heilte ihn. Nicht wenige glauben zu wissen, dass man einmal mehr einen germanisch-keltischen Pilgerort überbaute. Zunächst mit der heutigen Heideck-Kapelle. 1132 dann mit einem Zisterzienserkloster, das dem Bamberger Bischof das Grenzland zu den Bistümern Eichstätt und Würzburg sicherte. Um 1150 konnte eine gut 50 Meter lange, betörend harmonisch proportionierte romanische Halle geweiht werden, die man bald um einen gotischen Chor und ein Seitenschiff erweiterte. Den Ausbauten ist der Eindruck zu verdanken, sich durch ein labyrinthisches In- und Nebeneinander von Schatzhäusern der Kunstgeschichte zu bewegen. Obwohl die Mönche 1528 zum Protestantismus gezwungen wurden und die Hohenzollern das Kloster 1582 in eine weltliche Eliteschule umwandelten, blieben neun der ursprünglich 29 Altäre und unzählige der 500 Grabstätten erhalten.

Und jetzt die Wahrheit: Die »Quelle« und mit ihr die Sage entstanden erst in der Epoche der Romantik, als das Kloster schon lange Geschichte war.

Adresse Münster Heilsbronn, Münsterweg, 91560 Heilsbronn, www.heilsbronn-evangelisch.de | **Öffnungszeiten** Jan., Feb. geschlossen, März Di–So 10–16 Uhr, April–Okt. täglich 10–17 Uhr, Nov., Dez. Di–Fr 10–16 Uhr; Führung: Ostern–Ende Okt. So 10.30 Uhr, Konfession: evangelisch, Gottesdienst: Fr 17.30 Uhr, So, Feiertage 9.30 Uhr | **Tipp** Die St.-Walburgs-Kirche im nahen Großhabersdorf ist ein Schatzkästchen mit 1.000 Jahren Baugeschichte.

53 Stiftsbasilika

Ein Stück Eichstätt in Franken

Im gleichen Maß, in dem der Eichstätter Bischof von seiner westfränkischen Enklave Herrieden bedingungslose Loyalität verlangte, kam man dort der Verpflichtung nach, sich gegenüber den Nachbarn, den Ansbachern, feindlich zu verhalten. Mittels Kärwa-Schlägereien oder Attacken auf Durchreisende. Schließlich hatten die Ahnherren der dort regierenden Markgrafen, die Burggrafen von Nürnberg, die Frechheit besessen, einen 1316 in Herrieden geraubten Schatz anzunehmen: die Reliquien des heiligen Deocar. Dass Kaiser Karl IV. Herrieden 1358 als Entschädigung einen Fingerknochen des heiligen Vitus stiftete: kein echter Trost.

797 erstmals erwähnt, 888 in ein Chorherrenstift umgewandelt, zählt die Abtei Herrieden zu den ältesten Zeugnissen der fränkischen Glaubensgeschichte. Ob als Zehntscheune, zur Verteidigung oder als Gerichtsplatz – nahezu alle Gebäude, die einen Schutzring um das Herzstück des Städtchens, die Stiftskirche St. Vitus und St. Deocar, bildeten, waren einst Teil des Konvents.

Außen schmucklos und unscheinbar, präsentiert sich das 2010 zur Basilica minor erhobene Gotteshaus im Inneren als eine der stilvollsten Schöpfungen des Barocks, die in Franken zu finden sind. Der 1740 mit der Umgestaltung des romanisch-gotischen Raumkörpers beauftragte Gabriel de Gabrieli war eben erst aus den Diensten des Ansbacher Markgrafen zum Eichstätter Fürstbischof gewechselt. Der bereits zuvor aufgestellte Hauptaltar stammt von Jakob Engel, einem Universalkünstler, dem Eichstätt sein barockes Gesicht verdankt. 1783 fanden die wenigen Fragmente der Deocars-Reliquie, die die Plünderer 1316 zurückließen, auf ihm einen neuen Platz. Das in die Nürnberger Lorenzkirche geschaffte Hauptkonvolut wurde 1811 vom Bayerischen Staat konfisziert. Es befindet sich heute im Dom von Eichstätt. Ein dritter, in München aufbewahrter Teil verbrannte im Zweiten Weltkrieg.

Adresse Stiftsbasilika St. Vitus und St. Deocar, Marktplatz 1, 91567 Herrieden, www.pfarrverband-herrieden-aurach.de | Öffnungszeiten tagsüber frei zugänglich, Konfession: katholisch, Gottesdienst: Winter Sa ab 18.30 Uhr Rosenkranz, Beichte, Vesper, So 19 Uhr; Sommer Sa ab 18 Uhr Rosenkranz, Beichte, Vesper, So 19 Uhr, weitere siehe Website | Tipp Bis zur Säkularisation 1806 pilgerten die Gläubigen in Scharen in den Herriedener Ortsteil Rauenzell beziehungsweise zu der dort tief im Wald gelegenen Wallfahrtskirche St. Salvator. Ein Verein hat den heiligen Brunnen und die Fundamente des verschwundenen Kleinods wieder sichtbar gemacht.

54__St. Andreas

Zeitreise ins 15. Jahrhundert

Überall dort, wo sich über drei Jahrhunderte ein Eiserner Vorhang entlangzog, reihen sich auf katholischer Seite die Gotteshäuser aneinander, in die sich der Legende nach ein Marienbildnis gerettet hat. Aus eigener Kraft. Sprich: durch ein Wunder. Ansonsten hätten es die protestantischen Teufel zu Kleinholz verarbeitet. Wie eine der schönsten Dorfkirchen Frankens beweist: ein Missverständnis, das sich leicht hätte ausräumen lassen, wenn es nicht verboten gewesen wäre, miteinander zu reden, geschweige denn die Kirchen der anderen Konfession zu betreten.

Als sich das Nürnberger Patriziergeschlecht der Haller 1465 die Alleinherrschaft über das im südlichen Vorland der Fränkischen Schweiz gelegene Dorf Kalchreuth sicherte, war es ihm eine Herzensangelegenheit, der dortigen Kirche den Glanz des Besonderen zu verleihen. 1472 wurde ein Neubau geweiht, dessen Ausstattung man bei den besten Künstlern der Zeit bestellte. 1498 machte sich Adam Kraft an ein spektakuläres Sakramentshäuschen. Im selben Jahr lieferte Michael Wohlgemuth, der Lehrer Albrecht Dürers, einen Hauptaltar, der mittels acht Reliefs und fünf großen Schnitzfiguren aus dem Leben Marias erzählt.

Mit einer von Fleiß und Unterwürfigkeit gezeichneten Gottesmutter wäre Luther ja noch einverstanden gewesen. Nicht aber damit, dass die Haller die althergebrachte Marienverehrung sogar noch aufstockten – und das, obwohl sie als Mitglieder des Inneren Rats mit dafür sorgten, dass sich Nürnberg bereits in den 1520ern auf die Seite seiner Reformation stellte. Und schon gar nicht damit, dass in diesem Schmuckstück von Kirche, deren Pfarrer seit 1974 ihren katholischen Kollegen anbieten, dort ebenfalls Gottesdienst zu halten, bis heute nicht eine einzige Madonna aussortiert wurde. Und auch sonst nichts. Davon abgesehen, dass zwischenzeitig zwei Emporen eingezogen wurden, durch die der Raum an Heimeligkeit gewann: Originalzustand.

Adresse St. Andreas, Dorfplatz (hinter Schloss, Pfarrhaus und Co. in zweiter Reihe), 90562 Kalchreuth, www.kalchreuth-evangelisch.de | Öffnungszeiten tagsüber frei zugänglich, Konfession: evangelisch, Gottesdienst: So 9.30 Uhr, katholisch Sa 17.30 Uhr | Tipp Die gotische, im Inneren klassizistisch umgestaltete Kirche St. Michael im nahen Neunkirchen am Brand gehörte einst zu einem Kloster, dessen Gebäude im Ortsensemble aufgegangen sind.

55 Unsere Liebe Frau

Betrichtung um 90 Grad gedreht

Dieses von hohen Mauern eingefasste, 1287 errichtete Kleinod steht an einer Furt durch die Rednitz, die man im selben Jahr mit einer Brücke überspannte. Schießscharten im Turm verraten, dass ihr auch die Aufgabe zukam, das Nadelöhr an der Fernhandelsstraße Nürnberg–Schwabach–Augsburg militärisch zu sichern.

Im Inneren des romanisch-gotischen Schatzkästleins führt die Sonne Regie. Seit mittlerweile 500 Jahren. Sobald der Himmel klar ist, lenkt ein Fenster ihre Strahlen auf einen in die Apsis eingepassten Altar. Genauer gesagt auf dessen Madonna, die Hans Traut von Speyer ganz im Duktus seiner Zeit gestaltet hat, sodass sie als Himmelskönigin und Fürsprecherin vor Gott aus dem Halbdunkel des Chors herausleuchtet. Die dramatisch-theatralische Lichtführung erklärt, weshalb das Gotteshaus, in dem schon 1528 und damit nur zwölf Jahre nach dem Tod des Meisterschnitzers die protestantische Ordnung eingeführt wurde, als Paradebeispiel für eine theologische Normabweichung gilt, die nur in Franken gang und gäbe ist.

Martin Luther schätzte die biblische Maria. Aber nur in der Rolle einer Dienerin. Landauf, landab löste seine Neubewertung einen Bildersturm aus, entfernte man Altäre, die sie als Schutzpatronin zeigten. Im Norden Bayerns aber beließ man sie auffällig häufig an ihrem Platz. Weil sich die einfachen Leute ohne ihre alte Gottesmutter nicht mit der neuen Konfession hätten identifizieren können? Schließlich hatte der Protestantismus ihre Ohnmacht gegenüber Krankheiten, Krieg und der Willkür der Herrschenden nicht gemindert, ihnen andererseits aber bis auf Jesus alle himmlischen Helfer genommen. Oder doch, weil das Dorf Katzwang dem weiterhin katholischen, 30 Kilometer westlich von Bamberg gelegenen Kloster Ebrach gehörte? In Katzwang drehte man lediglich ein Teil der Bänke um 90 Grad, wodurch aus dem Haupt- ein Seitenaltar wurde.

Adresse Unsere Liebe Frau, Rennmühlstraße 18, 90455 Nürnberg, www.kirche-katzwang.de | **Öffnungszeiten** täglich tagsüber frei zugänglich, Konfession: evangelisch, Gottesdienst: So 9.30 Uhr | **Tipp** Freunde mittelalterlicher Altäre finden im nahen Wendelstein in der St.-Georgs-Kirche ein ganz besonderes Schmankerl: ein Meisterstück von Dürers Assistent Hans von Kulmbach.

56__St.-Georgs-Kirche

Eine feste Burg ist unser Gott

Seit alters besteht nur eine einzige Möglichkeit, sich der Kirche jenes Bauerndorfs im Norden des Knoblauchslands zu nähern, das sich, obwohl seit 1930 offiziell ein Teil der Großstadt Nürnberg, den Charme eines Provinzidylls bewahren konnte. Rund um das nach seiner letzten Erweiterung 1438 noch immer nur für eine bescheiden kleine Schar an Gläubigen ausgelegte, aus dem für die Region typischen blassroten Sandstein gefügte Gotteshaus von Kraftshof zieht sich ein hoher, überdachter Mauerring. Lediglich auf der dem Ortskern zugewandten Seite erlaubt ein uneinnehmbares Torhaus den Zugang. Türme an den vier Ecken des weitläufigen Kirchhofs vertreiben den letzten Zweifel, ob es sich einmal mehr um eine Kombination aus Burg und Gotteshaus, um eine Wehrkirche handelt. Die Mauer ist begehbar und mit Schießscharten ausgestattet.

Das Umland von Nürnberg ist mit Schutzbauten gespickt, in denen sich Dorfbewohner im Kriegsfall mitsamt ihrem Vieh in Sicherheit bringen konnten. Sie finden sich überall dort, wo die freie Reichsstadt Versuche der benachbarten Markgrafentümer Ansbach und Bayreuth und des Bistums Bamberg befürchtete, die territoriale Grenze zu ihren Gunsten zu verschieben. Etliche sind hervorragend erhalten, andere kaum noch als solche zu erkennen.

Gebaut wurden sie in drei Klassen. Beim einfachsten Typ wurde lediglich das Kirchengebäude verstärkt und mit Verteidigungstechnik versehen. Die zweite Variante konnte bereits einer Belagerung standhalten, bei ihr wurde um den Kirchhof eine einfache Mauer gezogen, die zugleich als Rückwand für Vorratsschuppen diente. Der nahezu perfekt erhaltene, 1505 bis 1510 um die kunsthistorisch eindrucksvolle Kirche gezogene Verteidigungsring von Kraftshof ist ein Musterexemplar des dritten Typs, einer Stadtbefestigung en miniature. Sie hielt beide Male stand, als der Dreißigjährige Krieg halb Franken dem Erdboden gleichmachte.

Adresse St.-Georgs-Kirche, Kraftshofer Hauptstraße 168, 90427 Nürnberg, www.ekk-gemeinde.kirche-kraftshof.de | **Öffnungszeiten** täglich tagsüber frei zugänglich, Konfession: evangelisch, Gottesdienst: So 9.45 Uhr | **Tipp** In Effeltrich stellte das Bistum Bamberg den territorialen Gelüsten Nürnbergs eine Wehrkirche gleichen Typs entgegen, die ebenfalls dem heiligen Georg geweiht ist.

57_Stadtkirche

Raumwunder mit alten Meistern

Böse Zungen bescheinigen dem Landkreis Fürth einen eklatanten Mangel an Argumenten, warum auch er auf die Liste der fränkischen Ausflugsziele gehört. Fehlt es dort tatsächlich an großartigen Hinterlassenschaften der Vergangenheit? Im Gegenteil! Als Beweis genügt nur ein Name: Langenzenn.

Bereits der kurze Weg vom äußerst hübsch auf eine Schräge drapierten Markplatz in das Wahrzeichen des 10.000 Einwohner kleinen Städtchens, die der Dreieinigkeit von Gottvater, Sohn und dem Heiligem Geist geweihte Stadtkirche, ist ein Erlebnis. Nachdem man eine enge Gasse passiert, eine Türe hinter sich gelassen hat, findet man sich im vielleicht schönsten Kreuzgang Frankens wieder. Erst dahinter, eine Tür weiter: ein gotisches Raumwunder, das den Vergleich mit den berühmten Nürnberger Großkirchen auch deshalb nicht zu scheuen braucht, weil da wie dort das Prager Genie Peter Parler als Baumeister angenommen werden darf.

Für diese Kirche, die um 1270 begonnen und in den folgenden Jahrhunderten mehrmals erneuert und erweitert wurde, sollte man viel Zeit mitbringen. 1409 stellte man ihr ein Augustiner-Chorherrenstift zur Seite, was die außergewöhnliche Qualität ihrer Ausstattung erklären könnte. Aber bereits 1533 wurde es wieder aufgehoben, wurde die Konvent- zu einer Stadtkirche und alles Wertvolle nach Ansbach geschafft. Wie bei fast allen gotischen Kirchen stammt auch bei dieser dreischiffigen Basilika das heutige Erscheinungsbild vom Ende des 19. Jahrhunderts. In ihrem Fall erwies sich der Umbau als Glücksgriff. Fresken wurden freigelegt und aus Einzelteilen, die die Zeit überdauert hatten, neue mittelalterliche Seitenaltäre zusammengestellt – eine Galerie der großen fränkischen Maler und Holzbildhauer. Das Schnitzrelief von Veit Stoß allerdings war schon immer da. Wie auch ein überlebensgroßer Moses von 1626, der die Last der ihm aufgebürdeten Kanzel kaum zu schultern vermag.

Adresse Stadtkirche Langenzenn/Trinitatiskirche, Klosterstraße, 90579 Langenzenn, www.kirche-langenzenn.de | **Öffnungszeiten** Kirche und Kreuzgang Mai–Sept. täglich 9–19 Uhr, Okt.–April täglich 9–17 Uhr, Konfession: evangelisch, Gottesdienst: So 10 Uhr | **Tipp** Die barocke, 1714 geweihte Hauptkirche des nahen Wilhermsdorf ist ein Werk des Würzburger Hofbaumeisters Joseph Greissing.

58 St.-Laurentius-Kirche

Ohne Hell kein Dunkel

Als die Diakonie Neuendettelsau 1926 den Architekten German Bestelmeyer um einen Vorschlag bat, wie man ihre erst 1887 fertiggestellte Anstaltskirche auftakeln könnte, antwortete er mit einer Collage aus den Türmen, dem geduckten Langhaus und dem Chor der Nürnberger Sebalduskirche. Obwohl sich diese Idee nur bedingt auf die Realität übertragen ließ, geriet das Gotteshaus zu einem offenen Buch über das evangelisch-lutheranische Selbstverständnis seiner Zeit. Wer es zu lesen vermag, dem erzählt es eindringlich von der gefährlichen Nähe von selbstloser Fürsorge und einer Selbstüberhöhung, die keine Grenzen zu kennen scheint.

Direkt gegenüber: das Pfarrhaus Wilhelm Löhes, der hier, am Ortsrand, ab 1854 ein Hilfsangebot für Kranke und Arme an das nächste setzte. Mit seiner Diakonie schloss er eine Lücke, die der Staat seit der Säkularisierung der Klöster 1796/1806 nicht in den Griff bekam. Unter seinen Nachfolgern wuchs Neuendettelsau zu einem Weltzentrum der Für- und Seelsorge – aber auch der Mission genannten Eingliederung sogenannter Eingeborener in die Ordnung der deutschen Kolonien. Man liebte Hitler. Man hasste die Juden. Man berief sich auf üble Schriften Luthers. Auch, als man 1.200 Patienten gerne an das Euthanasieprogramm der Nationalsozialisten überstellte.

Ein üppig verziertes Portal trennt die äußere Welt, in der die Diakonie ihren Dienst am Menschen leistet, von der höheren Ebene, dem spirituellen Innen der Neuendettelsauer Gottgefälligkeit. Die bombastisch weite, aber diszipliniert nüchterne Halle: Architektur, die einschärft, worauf es im Glauben wirklich ankommt. Sie reduziert den Menschen auf nur einen seiner Pole, das Vernunftwesen. Karg, weiß getüncht, nur mit einer einfachen Holzdecke geschlossen. Der Gekreuzigte über dem Altar und die Kanzel als einzige schmuckvolle Akzente: die Messe als das größte aller denkbaren Vergnügen inszeniert.

Adresse St.-Laurentius-Kirche, Wilhelm-Löhe-Straße 15, 91564 Neuendettelsau, www.diakoneo.de | **Öffnungszeiten** tagsüber frei zugänglich, Konfession: evangelisch, Gottesdienst: So 10 Uhr, Andachten siehe Website | **Tipp** Das Löhe-Zeit-Museum, Bahnhofstraße 38, konzentriert sich zwar auf den Gründer und die Anfangszeit von Diakonie und Mission, stellt sich aber dank der unermüdlichen Arbeit des Historikers Dr. Hans Rößler längst auch den dunklen Seiten der Geschichte.

59 Frauenkirche

Bühne des Gesetzes

Ob im Sommer, wenn die Strahlen, mit denen die Sonne auf alles Lebendige einsticht, so scharf sind wie ein Messer, oder im eiskalten Winter: Die Touristen sind da, wenn es von der Kirche zwölf Uhr schlägt, die dem Nürnberger Hauptmarkt einen optischen Halt gibt. Sie wollen sieben aus Holz geschnitzten Männern dabei zusehen, wie sie ihren König dreimal umrunden. Mit dem weltberühmten mechanischen Spielwerk, dem Männleinlaufen, gab Karl IV. 1361 einem von ihm selbst konzipierten Ausnahmebau seinen letzten Schliff.

Als Dank für ihre Parteinahme im Kampf gegen Ludwig den Bayern, der die Krone ebenfalls für sich beanspruchte, erlaubte Karl IV. den Nürnbergern 1349, die Juden zu vertreiben, die sich in der sumpfigen Senke zwischen der Lorenzer Altstadt und dem Burgviertel angesiedelt hatten. Ihr Ghetto wurde für ein neues, repräsentatives Stadtzentrum gebraucht. Ein paar Jahre später verschriftlichte Karl die mündlich überlieferte Reichsordnung und schuf so die erste deutsche Verfassung. Da war sein Baumeister, der Prager Peter Parler, bereits damit beauftragt, die Synagoge mit einer Kirche zu überbauen, die die Rechtsprinzipien so verkünden sollte, dass sie jedermann verstand.

11. April 1361. Der ganz große Auftritt. Auch an diesem Tag erläuterte das Männleinlaufen, wie und durch wen der König gewählt wird. Anlässlich der Taufe des Thronfolgers Wenzel wurden den Nürnbergern zudem vom Balkon der Frauenkirche aus jene Heiligen Reliquien gezeigt, deren Besitz Karls Regentschaft legitimierte. Der Anblick der heiligen Lanze, die Jesus während der Kreuzigung in die Seite gestoßen wurde, und eines Splitters vom Kreuz stellte das Sündenkonto des in Massen herbeigeströmten Volks auf null zurück.

Als die Nationalsozialisten 1933 erstmals ein Christkind den Weihnachtsmarkt vom Balkon der Frauenkirche aus eröffnen ließen, wussten sie genau, woran sie da anknüpften.

Adresse Frauenkirche (Unserer Lieben Frau), Hauptmarkt 14, 90403 Nürnberg, www.frauenkirche-nuernberg.de | **Öffnungszeiten** Mo–Sa 10–17.30 Uhr, So 13–17.30 Uhr, Konfession: katholisch, Gottesdienst: So 10 Uhr, weitere siehe Website | **Tipp** Von 1424 bis zur französischen Besetzung Nürnbergs 1796 wurden die als Reichskleinodien bezeichneten Heiligen Reliquien in der nahen Kirche des Heilig-Geist-Spitals aufbewahrt.

60_Kirchenzentrum Langwasser

Weniger ist mehr Symbolik

Mitte der 1980er entschieden sich die Evangelische Landeskirche Nürnberg und das Bistum Eichstätt, ein längst überfälliges Versöhnungsprojekt anzugehen. Gemeinsam kauften sie in der Nürnberger Trabantenstadt Langwasser ein fußballfeldgroßes Baugrundstück. Leider an einem hoch symbolischen Ort.

Freunden moderner Architektur dürfte das mit hochkarätigen Preisen dekorierte, in sich abgeschlossene Stadtviertelchen gefallen. Die einzelnen, einheitlich schlicht gehaltenen Gebäude, darunter zwei Kindergärten, zwei Gemeindezentren und die beiden Kirchen, aber nur ein gemeinsamer Glockenturm, wurden kreisförmig angeordnet. So entstand in ihrer Mitte ein verkehrsberuhigter Platz. Da an ihm die Eingänge liegen, kann er gar nicht anders als im Sinn eines harmonischen Miteinanders genutzt werden.

Natürlich wusste man, dass der Baugrund zum Reichsparteitagsgelände gehört hatte, auf dem bis zu 320.000 glühende Nationalsozialisten ihren Führer feierten. Als hätte Martin Niemöller, militanter Antidemokrat und überzeugter Nationalsozialist, nicht selbst eingestanden, dass seine Priestergeneration Hitler erst ermöglicht hatte, wurde die evangelische Kirche nach ihm benannt. Vielleicht, weil die Verantwortlichen von ihrer Vision eines ökumenischen Kirchenzentrums wie berauscht waren. Die katholische weihte man dem polnischen Priester Maximilian Kolbe, der 1941 im KZ Auschwitz anstelle eines Mitinsassen freiwillig in die Todeszelle ging. Statt sich erst einmal auf die menschenverachtende Intoleranz zu konzentrieren, mit der sich die Konfessionen seit der Reformation begegnet waren, wollten sich beide Kirche doch lieber einmal mehr darin üben, heiße Luft zu produzieren. Ein architektonisch überzeugender Versuch, der inhaltlich ins Nichts führte.

Adresse Kirchenzentrum Langwasser / Martin-Niemöller-Kirche und St. Maximilian Kolbe, Annette-Kolb-Straße 57 und 61, 90471 Nürnberg, www.martin-niemoeller-kirche.de, www.katholisch-in-langwasser.de | **Öffnungszeiten** Areal rund um die Uhr, Kirchen tagsüber frei zugänglich, Konfession: evangelisch und katholisch, Gottesdienst: siehe jeweilige Website | **Tipp** Die einen halten sie für Kitsch, die anderen für große Kunst: die 1935 bis 1938 am Nürnberger Stadtpark errichtete Reformations-Gedächtnis-Kirche, ein zwölfeckiger Rundbau mit drei Türmen.

61__Lorenzkirche

Wieder so gut wie original

Nur ein einziges Mal im Verlauf ihrer langen Geschichte war die Lorenzkirche einen Tick früher dran als ihre dem Stadtpatron St. Sebald geweihte Konkurrentin vom anderen Ufer der Pegnitz. Während man drüben eine Abkehr von Rom eher zögerlich begrüßte, schuf Andreas Osiander, seit 1522 Pfarrer von St. Lorenz, früh Tatsachen. 1525 und damit ein Jahr vor Martin Luther gab der Wortführer der radikalen Nürnberger Reformatoren eine evangelische Gottesdienstordnung in Druck. Die Anleitung, die Messe so abzuhalten, dass sie jeder verstand, bildete die Grundlage für die berühmte, ebenfalls von Osiander entwickelte, 1533 in Nürnberg und dem Markgrafentum Ansbach-Bayreuth eingeführte protestantische Kirchenordnung.

Andreas Osiander ist auch zu verdanken, dass sich die ab 1250 einem Vorgängerbau übergestülpte, nach mehreren Erweiterungen 1477 fertiggestellte gotische Wandelhalle in einem weitestgehend originalen Zustand zeigt. Sie ist fast 100 Meter lang und mündet in einen 24 Meter hohen Chor. Im Gegensatz zu St. Sebaldus war es in dieser Kirche allen Nürnberger Familien erlaubt, sich durch die Stiftung eines Kunstwerkes oder durch die Ausgestaltung einer der Kapellen, die sich am Langhaus entlangziehen, ein Denkmal zu setzen. Am 21. April 1525 verbot der Rat der Stadt katholische Glaubensbekundungen. Da ihm die Identifikation finanzstarker Geschlechter mit ihrer Kirche wichtig war, verhinderte Osiander, dass ein aufgebrachter Mob alle Bildwerke zerstörte, die im Widerspruch zur neuen Lehre standen.

Es folgten 420 Jahre, die nahezu spurlos an St. Lorenz vorbeizogen. Anschließend galt es, die massiven Schäden des Zweiten Weltkriegs zu beseitigen. Hier konnte sich das Wiederaufbauteam dank großzügiger Spenden aus Übersee maximale Sorgfalt leisten. Völlig zu Recht, dass St. Lorenz als eines der großartigsten Zeugnisse der Gotik in Deutschland gilt.

Adresse Lorenzkirche/St. Lorenz, Lorenzer Platz 1, 90402 Nürnberg, www.lorenzkirche.de | **Öffnungszeiten** Mo–Sa 9–17 Uhr, So 13–15.30 Uhr, Konfession: evangelisch, Gottesdienst: So 10 Uhr, Do 18.30 Uhr, Kurzandacht täglich 17 Uhr | **Tipp** In der ebenfalls gotischen Nürnberger Jakobskirche wirbt unter anderem ein meisterhafter mittelalterlicher Flügelaltar um Beachtung.

62__Sebalduskirche

Schön, gut und gerecht

Ein Grundgesetz der sakralen Architektur erklärt, weshalb das vornehmste unter den Nürnberger Gotteshäusern unserem heutigen Gefühl für Städtebau nach verkehrt herum steht. Es zeigt sich gegenüber der Schaltzentrale der weltlichen Macht wahrlich nicht von seiner besten Seite, wendet ihr seinen Hintern zu. Als man um 1225 begann, eine Vorgängerkirche durch eine spätromanische Basilika zu ersetzen, war die gute Stube der Stadt, der Hauptmarkt, noch ein unbebauter Sumpf. Das Herz des Burgviertels, der Sebalder Altstadt, schlug an einer etwas höher gelegenen Stelle – dort, wo sich noch heute der Eingang in die lichtdurchflutete Taufkirche des deutschen Königs Wenzel, Albrecht Dürers und der Nürnberger Patrizierfamilien befindet. Die Position der Sebalduskirche war folglich schon lange zementiert, als man im 14. Jahrhundert den Standort des Rathauses festlegte. Kirchen werden generell nach Osten ausgerichtet, nach Jerusalem. Ihr Hauptaltar befindet sich stets am östlichen, ihr Eingang dementsprechend am westlichen Ende.

Wer im Rat der Stadt etwas zu sagen haben wollte, demonstrierte diesen Anspruch, indem er der Sebalduskirche ein Fenster, einen Altar oder Ähnliches stiftete. Das Gotteshaus wurde zu einer Schatzkammer. Oder, wie eine unscheinbare Steinfigur anmerken will, die sich an der Außenwand des linken Seitenschiffs nur ungern zu erkennen gibt: zu einem Pfuhl der Eitelkeit. Die meisten Besucher übersehen sie. Auch, weil ihre Augen mehr als gesättigt sind, nachdem sie das berühmte, von Schnecken getragene bronzene Hochgrab des heiligen Sebaldus nach weiteren neckischen Details abgesucht haben.

Die Skulptur: Von vorne ein Patrizier, wie er gesehen werden will. Bitte blicken Sie dahinter! Alles nur Fassade. Auf der Rückseite zeigt sich, dass die Maden der Macht und die Würmer des Wohlstands den Mann zerfressen haben.

Adresse Sebalduskirche St. Sebald, Winklerstraße 26, 90403 Nürnberg, www.sebalduskirche.de | **Öffnungszeiten** täglich, Jan.–März 9.30–16 Uhr, April–Dez. 9.30–18 Uhr, Konfession: evangelisch, Gottesdienst: So 10 Uhr | **Tipp** Im Pfarrhof von St. Sebald befasst sich eine Ausstellung mit judenfeindlichen Symbolen und Skulpturen des Mittelalters, die an der Kirche erhalten geblieben sind, und erinnert an den im 14. Jahrhundert überbauten Judenfriedhof.

63 __ Weidenkirche

Das Miteinander zum Wachsen bringen

Seit der Schweizer Architekturvisionär Marcel Kalberer in den 1980ern begann, mit einem Material zu bauen, das lebt, hat die Kunstwelt viele Namen, Ideen und innovative Formen des Ausdrucks kommen und gehen sehen. Seine Naturkirchen aber wird man auch morgen europa-, ja weltweit kopieren. Auch dank eines Doms, der seit 2008 nach jedem Winterschlaf sein dann offenes Dach von allein schließt. Ganz so, wie es seinem Erfinder im Sinn stand.

Pappenheim, historisches Kleinod im Naturparadies Altmühltal. Osterferien-Camp der Evangelischen Jugend 2007. In den breiten Auen, die der Fluss unterhalb des Städtchens ausgeschürft hat, machen sich 100 Kids und Helfer an die Arbeit. Sie haben 1.000 Meter Stahlrohr dabei, aus dem sie eine Rankhilfe bauen, die einer gotischen Kathedrale mit sieben Jochen nachempfunden ist. 1.000 Weidensetzlinge, deren allzeit großen Durst die nahe Altmühl zu stillen weiß, werden ein paar Tage später ihre Knospen vorsichtig ausfahren, optimale Wachstumsbedingungen erkennen und das Gestell für sich erobern. Die knallgelben Sicherheitswesten, die sich die Freizeitbauarbeiter verordnet haben, locken aus Versehen einen Schwarm Käfer an. Es sind so viele, dass die Arbeit unterbrochen werden muss. Ein gutes Vorzeichen!

Ein 30 Meter langes Schiff. Bestuhlt. Mit Platz für 150 Besucher. Ein Altar. Dahinter ein Kreuz. Ein Taufbecken. Eine spirituelle Aura, die ihresgleichen sucht. Ein stiller Meditationsort. Ein Kraftplatz des Lebensmuts. Ein Symbol für gewachsene Geborgenheit – und zugleich für die Zeit, die es braucht, bis aus Geborgenheit Vertrauen wird. Ein Ideengeber für die Gartengestaltung daheim. Die nach Plänen von Marcel Kalberer realisierte, erste Weidenkirche in Franken ist ein Besuchermagnet. Und ganz nebenbei auch ein Refugium für Gottes kleinste Geschöpfe: für teilweise vom Aussterben bedrohte Raupen, Käfer, Schmetterlinge …

Adresse in den Auen der südlichen Altmühlschleife neben dem Freibad (dessen Parkplatz nutzen: Schützenstraße 18), 91788 Pappenheim | Öffnungszeiten jederzeit frei zugänglich, Konfession: evangelisch, Gottesdienst: nur zu besonderen Anlässen | Tipp Seit 2017 wuchert auch im oberfränkischen Plech eine Weidenkirche.

64 St. Peter und Paul

Um einen Heiligen betrogen

Die Feindschaft zwischen Nürnberg und Fürth ist legendär. Der Ort, an dem die Fehde ihren Ausgang nahm, lässt sich exakt lokalisieren. Dort, wo sich im Fürther Stadtteil Poppenreuth ein Kirchturm in den Himmel streckt, so heißt es, hätte sich einst ein Königssohn der Einsamkeit und des Gebets verschrieben. Wann? Als die Gegend noch bewaldet war. Je nach Erzählversion irgendwann zwischen dem 8. und 10. Jahrhundert. Genau weiß man nur, dass am Grab des Einsiedlers, von dem nur der Vorname überliefert ist – Sebald – ein Gotteshaus errichtet wurde.

Poppenreuth mag damals einen Heiligen gehabt haben. Aber den Ehrgeiz, den hatte Nürnberg. Im Schatten der Burg ließ man sich um 1070 die Legende einfallen, Ochsen hätten sich von selbst vor einen Karren gespannt und die sterblichen Überreste Sebalds aus Poppenreuth zu ihnen gebracht. Ein Gottesurteil, gegen das nicht einmal der Papst Einspruch erheben konnte. Worauf man den Eremiten zu Nürnbergs Stadtpatron erklärte und ihm mit der Sebalduskirche eine neue Ruhestätte baute. Das genaue Datum des Reliquienraubs ist nicht übermittelt.

Zumindest für die Liebhaber historischer Augenweiden entpuppt es sich als Glückfall, dass Poppenreuth mit dem heiligen Sebald auch seinen Status als regionale Leitpfarrei verlor. Als das Gotteshaus im Stil der Gotik erneuert wurde, hatte es nurmehr den Status einer Dorfkirche. Dies dürfte entscheidend dazu beigetragen haben, dass die Poppenreuther keine kunsthistorische Epoche auf der Müllhalde der Moden entsorgten, sich ein Füllhorn voll Artefakten erhalten hat. Die nach der Reformation eingezogene Empore fügt sich erstaunlich harmonisch in die gotische Halle. Der Hauptaltar wirkt idealtypisch, wurde aber erst 1859/60 aus mehreren gotischen Seitenaltären zusammengepuzzelt. Der wuchtige romanische Turm lässt keinen Zweifel, dass St. Peter und Paul ursprünglich auch als Festung gedient hat.

Adresse Poppenreuther Straße 134, 90765 Fürth-Poppenreuth, www.peter-und-paul-poppenreuth.de | Öffnungszeiten täglich 9–18 Uhr, Konfession: evangelisch, Gottesdienst: So 9.30 Uhr | Tipp In der Stadt Fürth ist die Kirche St. Michael das einzige Gebäude, das noch aus der Zeit vor dem Dreißigjährigen Krieg stammt. Bis zum November 1938 teilte sie sich diesen Status mit der von den Nationalsozialisten zerstörten gotischen Altschul-Synagoge.

65__St. Bonifatius

Wo es mit der Kunst nach oben geht

Es ist noch schmeichelhaft formuliert, wenn man dem Speckgürtel, der sich zwischen Nürnberg und dessen kleiner Schwester Lauf breitgemacht hat, mangelnden Geschmacksinn attestiert. Speziell im traditionell streng evangelischen Röthenbach, das vor der Industrialisierung kein Dutzend Einwohner zählte, ging es nicht anders. Dort muss der Zweck, einem Heer von Zuzüglern ein Dach über dem Kopf zu bieten, noch heute den Verzicht auf architektonische Extras heiligen. Die vornehmliche Herkunftsregion der Arbeitsmigranten erklärt, weshalb man die katholische Kirche St. Bonifatius, die 1955 einen Behelfsbau ersetzte, arg üppig dimensionierte. Der Kohle- und Grafitprodukte-Hersteller C. Conradty warb die Arbeiter seines 1880 eingerichteten Röthenbacher Werks in der Oberpfalz.

Als der Glockenturm in den 1990ern saniert werden musste, kam Pfarrer Wolfgang Angerer die Idee, seinen Gottesdienstbesuchern auf dessen fünf nackten, engen und zugigen Stockwerken etwas für sie gänzlich Neues zu zeigen: zeitgenössische Kunst. Der Turm wurde zur Galerie. Regulär geöffnet ist am Sonntag. Nach der Messe wird aufgesperrt. Weil so ein Ausstellungsbetrieb freilich mehr Arbeit macht, als man denkt, holte er sich die freiberufliche Kuratorin Ulrike Goetz ins Boot. Damit die Kinder aus dem Viertel beim Fußballspielen ungezwungen mit Kunst in Berührung kommen, wurden zudem auf dem Kirchplatz Skulpturen aufgestellt.

Mit ihren jährlich vier Einzelpräsentationen und einem Adventskunstmarkt zählt die Galerie im St.-Bonifatius-Turm mit Sicherheit zu den außergewöhnlichsten Ausstellungsorten in Franken. Ob die Künstler gläubig sind, interessiert dort nicht. Angerer wünscht sich Arbeiten jenseits der zeitgenössischen Kirchenkunst – Bilder und Skulpturen, von denen neue Impulse ausgehen. Jesus am Kreuz, Maria mit dem Neugeborenen, dieser Bilderkosmos ist seiner Ansicht nach längst auserzählt.

Adresse St. Bonifatius und Galerie St.-Bonifatius-Turm, Alter Kirchenweg 7, 90552 Röthenbach an der Pegnitz, www.pfarrei-roethenbach.de, Galerie www.nurembergartsyndicate.com | Öffnungszeiten Kirche tagsüber frei zugänglich, Galerie zu Ausstellungszeiten So 11–16 Uhr, Konfession: katholisch, Gottesdienst: So 10 Uhr | Tipp Wie es in Franken auf markanten Gipfeln üblich ist, trägt auch das Röthenbacher Naherholungsparadies, der Moritzberg, eine Kapelle. Sie wurde 1419 gestiftet.

66__St. Jakob

Frankens kostbarstes Tröpfchen

Irgendwie ist es, als hätten die einen Kinder abends ihre Lego-Figuren, die anderen ihre Teddybären achtlos im Sandkasten zurückgelassen, als sie ihre Mamis zum Essen riefen. Die Dimensionen – hier mini, dort gigantisch – passen so gar nicht zueinander. Gotische Kirchen. Sind sie nicht wie Frachtschiffe, die Riesen einem Liliput aus Fachwerkhäuschen aufgedrückt haben?

Der dem Apostel Jakobus geweihte Stolz von Rothenburg ob der Tauber macht da keine Ausnahme. Maßlos lappt die wohl am besten erhaltene gotische Großkirche Frankens über die Enden des Platzes hinaus, der ihr laut des organisch gewachsenen Katasters der Stadt eigentlich zusteht. Ein Individuum und zugleich Architektur von der Stange, entstand das Meisterstück der mittelalterlichen Baukunst doch nach exakt demselben Schema wie seine nächsten Verwandten in Dinkelsbühl, Schwabach, Nürnberg und Co. Damit in der romanischen Vorgängerkirche, die es komplett zu ersetzen galt, der Gottesdienstbetrieb weitergehen konnte, begann man 1311 in einem ersten Schritt, ihr an ihrem östlichen Ende einen neuen Chor aufzupfropfen. Dafür wurde eine Straße geopfert. 1373, nach 50 Jahren Pause, der zweite Schritt. Während das Langhaus abgetragen und neu aufgemauert wurde, feierte man den Gottesdienst im Chor. Dass der Vorgängerbau anschließend auch in westliche Richtung verlängert wurde, ist hingegen einzigartig – erneut über eine Straße hinweg, die man aber überbrückte.

Hunderte von Besuchern lockt der Heilig-Blut-Altar, eines der Hauptwerke Tilman Riemenschneiders, Tag für Tag nach St. Jakobus. 1505 vollendet, stellt er ein Fläschchen zur Schau, das einen Tropfen jenes Weins enthält, den Jesus und die Apostel beim Letzten Abendmahl tranken. Bis zum Abschluss von Bauabschnitt drei 1471 befand sich die Reliquie jenseits der Straße in einer eigenen Kapelle. Nicht nur des Altars wegen: dringend eine Führung mitmachen!

Adresse St. Jakob, Kirchplatz, 91541 Rothenburg ob der Tauber, www.rothenburg-evangelisch.de | **Öffnungszeiten** Jan.–März und Nov. täglich 10–12 und 14–16 Uhr, April–17. Okt. Mo–Sa 10–18 Uhr, So 11–18 Uhr, Dez. 10–16.45 Uhr; Führungen Sommersaison täglich 11 und 14.30 Uhr, außerhalb Fr, Sa, So, Mo 14.30 Uhr, Konfession: evangelisch, Gottesdienst: So 9.30 Uhr | **Tipp** Die in die Stadtmauer eingefügte St.-Wolfgangs-Kirche ist heute ein Museum, das an die Bedeutung der Schäferei für das mittelalterliche Rothenburg erinnert.

67_Philippuskirche

Kraft ihrer eigenen Hände

Liegt das Land, wo die Zitronen blühen, doch nicht ganz so weit im Süden? Wurde das letzte antike Großreich dementsprechend von Franken aus regiert? Versah der Apostel Paulus seinen Brief an die Römer in Wirklichkeit mit einer Adresse im Nürnberger Raum? Zumindest den Sommer über ist die Illusion perfekt, die der weitgehend vergessene Nürnberger Architekt Christian Ruck mit seinem Meisterstück heraufbeschwor, der 1927 vollendeten Philippuskirche, dem Wahrzeichen des Kranken- und Altenpflegedorfs Rummelsberg.

18 Kilometer südöstlich der Frankenmetropole gelegen, im 14. Jahrhundert gegründet, war Rummelsberg ab dem Jahr 1500 ausschließlich dafür da, die Nürnberger Armenfürsorge, das Heilig-Geist-Spital, zu versorgen. Ein Ort mit Symbolkraft also, an dem der Landesverein für Innere Mission ab 1905 ein ganzes Dorf aus Wohn- und Pflegeeinrichtungen für körperlich und geistig Hilfsbedürftige errichtete. Heute ist die Rummelsberger Diakonie Frankens zweitgrößter evangelischer Träger sozialer Einrichtungen – nach seiner großen Schwester, den Neuendettelsauern.

Ein von der Sonne verwöhnter mediterraner Park, über dem sich eine Basilika erhebt, die nur aus jenen Tagen stammen kann, als die junge Gemeinschaft der Gläubigen noch selbstlos, unschuldig und eifrig war. Ihr Inneres: urgemütlich. Eine mit einer einfachen Holzdecke verschlossene Höhle aus warmem Sandstein. Zentraler Blickfang: ein Gemäldezyklus im antik-byzantinischen Stil, der jene sieben Jünger Jesu zeigt, an die die Apostel im Neuen Testament die Aufgabe delegierten, sich um das Wohl der Habenichtse zu kümmern. Perfekt in ein Gebäude übersetzt: das von den Ideen des Hamburger Waisenhausbetreibers Johann Hinrich Wichern durchwebte theologische, soziale und pädagogische Programm der 128 Rummelsberger Brüder, die ihre Kirche, unterstützt von ihren Schützlingen, 1925 bis 1927 mit ihren eigenen Händen gebaut haben.

Adresse Philippuskirche, Rummelsberg 30, 90592 Schwarzenbruck-Rummelsberg, www.diakoniemuseum.de | Öffnungszeiten tagsüber täglich frei zugänglich, Konfession: evangelisch, Gottesdienst: 1. So im Monat 10 Uhr | Tipp Die Thomaskirche in Nürnberg-Großreuth und die Stephanuskirche in Nürnberg-Gebersdorf stammen ebenfalls von Christian Ruck.

68 Franzosenkirche

Ohne Schnickschnack und Altar

Es war ein nicht zu unterschätzendes Wagnis, weshalb der Markgraf Johann Friedrich von Brandenburg-Ansbach auch erst einmal den Gedankenaustausch mit seiner lieben Verwandtschaft suchte, dem Kurfürst von Brandenburg-Preußen und dem Markgraf von Brandenburg-Kulmbach-Bayreuth. Am 18. Oktober 1685, so die sich überschlagende Nachrichtenlage, schaffte Frankreichs selbstverliebter Sonnenkönig Ludwig XIV. die Religionsfreiheit zugunsten des Katholizismus ab und entzog seinen 730.000 Hugenotten genannten, calvinistisch-protestantischen Untertanen die Bürgerrechte. Ein Flüchtlingsstrom, wie ihn Europa noch nicht gesehen hatte, setzte sich in Bewegung. Man geht von um die 200.000 Frauen, Männern und Kindern aus, die sich gezwungen sahen, sich in die Niederlande, die Schweiz und die reformierten Fürstentümer des Deutschen Reichs durchzuschlagen.

Dass Johann Friedrichs Sorgenkind, das rückständige und verarmte Städtchen Schwabach, wirtschaftlich von geschickten Handwerkern enorm profitieren würde, als die die Hugenotten bekannt waren, stand zwei durchaus realen, bedrohlichen Szenarien gegenüber. Würden Schwabachs 3.800 Einwohner wegen Überfremdung auf die Barrikaden steigen? Und würde man schlussendlich gar in einen Krieg gegen Versailles hineingezogen werden? Im Gegensatz zu Erlangen, dem zweiten Experimentierfeld der hugenottischen Immigration, kann bei Schwabach von einem durchschlagenden Erfolg gesprochen werden.

Schon ein Jahr nach ihrer Ankunft konnten die Hugenotten am 13. November 1687 den ersten Gottesdienst in ihrer eigenen Kirche feiern. Das Grundstück hatte ihnen der Markgraf spendiert. Sein Wappen ist der einzige äußere Zierrat der leider stets verschlossenen, auch im Inneren äußerst spartanisch gehaltenen, kleinen Arche des Calvinismus. Kein Altar. Kein Schmuck. Nur eine Kanzel. Erst 1857 wurde die Gottesdienstsprache von Französisch auf Deutsch umgestellt.

Adresse Franzosenkirche, Boxlohe 14, 91126 Schwabach, www.reformiert-schwabach.de | **Öffnungszeiten** nur zu besonderen Anlässen, Konfession: calvinistisch, Gottesdienst: unregelmäßig, siehe Website | **Tipp** Die seit 1686 bestehende evangelisch-reformierte (calvinistische) Gemeinde von Bayreuth nutzt seit 1755 ein Adelspalais in der Erlanger Straße als Kirche.

69 Stadtkirche

Hinsetzen nicht vorgesehen

Ein einziges, aber gravierendes Detail müsste korrigiert werden, dann hätte sich das ab 1410 als Ersatz für einen zu klein gewordenen romanischen Vorgängerbau errichtete, 1495 vollendete Wahrzeichen des Städtchens Schwabach das Prädikat der perfekten gotischen Halle verdient. Bei Kirchen dieses Stils, der Mitte des 12. Jahrhunderts in Frankreich entwickelt wurde, ersetzt eine Skelettbauweise das Prinzip des geschlossenen Aufmauerns der Wände. Eine Revolution in Sachen Statik, die ein entgrenztes Raumerlebnis möglich machte. Nicht einmal im Traum hätte man deshalb daran gedacht, den Boden mit Kirchenbänken vollzustellen. Dass die Gläubigen während der Messe sitzen, ist, abgesehen vom sogenannten Chorgestühl, das dem Klerus vorbehalten war, eine Antwort auf den Predigtgottesdienst der Reformation.

Obwohl Schwabach der Reformation in Franken mit zum Durchbruch verhalf, sind in der Stadtkirche auch die noch ganz dem katholischen Verständnis folgenden Ausstattungsstücke fast vollzählig erhalten. Das hilft enorm, sich vorzustellen, wie gotische Kirchen in ihrer Blütezeit genutzt wurden. Die Halle bot so viel Platz, dass alle rund 1.500 Einwohner Schwabachs an den Gottesdiensten hätten teilnehmen können. Das wurde aber keineswegs von ihnen erwartet. Damals ging man in die Kirche, wenn man das Bedürfnis hatte, für sich allein zu beten. Ebenfalls allein lasen an den Seitenaltären Priester parallel von früh bis spät die Messen, die Gläubige für ihre Verstorbenen bestellt hatten. Bei der großen Messe, die täglich vor dem Hauptaltar zelebriert wurde, blieb der Klerus unter sich. Gläubige durften die Kommunion empfangen, wurden darüber hinaus aber lediglich geduldet.

Wer dem Charme spätmittelalterlicher Kunst noch nicht verfallen ist, sei gewarnt: Nirgendwo fällt es leichter, sich einen halben Tag lang an der Seite Marias und im Kreis der 14 Nothelfer zu verlieren.

Adresse Stadtkirche St. Johannes und St. Martin, Martin-Luther-Platz 2, 91126 Schwabach, www.stmartin-schwabach.de | **Öffnungszeiten** täglich 9–18 Uhr, Konfession: evangelisch, Gottesdienst: So 10 Uhr | **Tipp** Von außen auf den ersten Blick ebenfalls gotisch, entpuppt sich die 1755/56 überarbeitete Schwabacher Spitalkirche im Inneren als Musterbeispiel eines Gotteshauses im Markgrafenstil.

70__Sola-Basilika

Rom liegt doch nicht in Franken

Von Archäologen ausgebuddelte und neu in Reih und Glied aufgestellte Säulen. Wie in Italien. Dazu ein lateinischer Gebäudename. Tatsächlich: Wir befinden uns südlich des Limes, der Grenzmauer des antiken Römerreichs. In Solnhofen, einer kleinen Stadt, die sich oberhalb der Altmühl an einen steilen Hang klammert. Und damit in jenem Zipfelchen von Franken, in dem sich dank der Soldaten Roms das Christentum bereits zu einem sensationell frühen Zeitpunkt herumgesprochen haben müsste.

Weil die in einem Garten versteckte Sensation Solnhofens so aussieht, als könne sie nur aus dem 4. Jahrhundert stammen, haben ihre Infotafeln schon so manchem die Enttäuschung ins Gesicht geschrieben. In Wirklichkeit entstand sie erst etliche Generationen nach der Implosion des römischen Imperiums. Um 747 schickte der heilige Bonifatius einen in Südengland geborenen Missionar namens Sola von Fulda aus in die Altmühl-Region, die die Franken eben von den Bajuwaren erobert hatten. Da der Namensgeber Solnhofens ein Wunder nach dem anderen bewirkte, nahmen die neuen Untertanen Pippins, des Vaters Karls des Großen, ihre neue Staatsangehörigkeit willig an. 794 baute Sola über einer bereits vorhandenen Kirche eine Filiale des Klosters Fulda: Gotteshaus plus Verwaltungsgebäude.

Überhaupt scheint an diesem magischen Ort alles anders zu sein, als es ist. Die vermeintlich wiederaufgebauten Säulenreihen und Mauerreste sind der einzige erhaltene Rest einer Basilika, die ab 822 zu Ehren des heiligen Sola errichtet wurde. 1783 trug man sie wegen Einsturzgefahr ab. Die eigentliche Sensation liegt unterhalb ihres Fußbodens. Die allererste Kirche, die an diesem Platz gebaut wurde, entstand bereits um 610. Damit gehört sie zu den frühesten christlichen Bauten Süddeutschlands. Aus der Antike haben sich außer Grabinschriften keine nennenswerten Spuren des christlichen Lebens erhalten.

Adresse Sola-Basilika, Ferdinand-Arauner-Straße 6 (im Innenhof hinter der Kirche), 91807 Solnhofen | Öffnungszeiten tagsüber frei zugänglich, Konfession: historisches Denkmal, Gottesdienst: nie | Tipp Als Ersatz für die 1783 abgetragene Sola-Basilika wurde zwei Jahre später direkt daneben die Kirche St. Veit geweiht, ein Kleinod im evangelischen Markgrafenstil.

71 Marienkirche

Zeitkapsel des Bildersturms

Nur 1.800 Einwohner groß. Aber eine Stadt. Die Diskrepanz zwischen der realen heutigen Bedeutung und dem Status von Velden ist ein klares Indiz, dass der Ort einst eine steile Karriere hingelegt haben muss, irgendwann aber aus dem sich ewig drehenden Karussell des Fortschritts geworfen wurde. Wie ihm selbst sieht man auch seinem Gotteshaus nicht an, dass die Christianisierung des fränkisch-oberpfälzischen Jura hier ihren Anfang genommen hat. 1505 wechselt das schon seit Längerem auf sich selbst zurückgeworfene Nest in den Besitz der freien Reichsstadt Nürnberg. Da wirtschaftliche Impulse ausblieben, sind in der Marienkirche Gepflogenheiten aus der Frühphase der evangelischen Glaubenspraxis wie in einer Zeitkapsel konserviert.

Die äußerlich bescheidene Kirche ist eine einfache, aber nachträglich aufgestockte gotische Konstruktion, in die 1611 die erste von zwei Emporen eingezogen wurde. Sobald man aus deren Schatten tritt, heftet sich der Blick wie automatisch auf einen noch in katholischen Zeiten angeschafften Flügelaltar, der Maria als Himmelskönigin inszeniert. Es irritiert, dass die Kirchenvisitatoren, die das 1525 erlassene Verbot romtreuer Glaubensbetätigung überwachten, die überlebensgroße Skulptur nicht als »Abgötterei« beanstandeten und entfernen ließen. Man munkelt, dass die Veldener, von den Nachbardörfern vor der Rigorosität der Glaubenswächter gewarnt, die Klappflügel auf die für die Passionszeit vorgesehene Ansicht umstellten und mit Hammer und Nägeln nachhalfen, sodass die nun wie in einem Schrank verborgene Figur dem Bildersturm entging. In einer anderen Version ließen sich die Inspektoren mit der Zusage zufriedenstellen, eine andere, wundertätige Madonna an das weiterhin katholische Neuhaus abzugeben.

Und die Beichtstühle? Bis um 1700 herum war es auch nach evangelischer Auffassung nötig, dem Pfarrer regelmäßig über seine Sünden zu berichten.

Adresse Marienkirche, Bahnhofstraße 5, 91235 Velden, www.kirchengemeinde-velden.de | **Öffnungszeiten** täglich tagsüber frei zugänglich, Konfession: evangelisch, Gottesdienst: So 10.30 Uhr | **Tipp** Die Veldener Andreaskirche ist kein Bauwerk, sondern eine Höhle mit Altar, in der sich die Menschen in Kriegszeiten versteckten.

72 Spitalkirche

Nur eine Stadtmauer breit

Mögen die Bewohner Weißenburgs auch noch so stolz auf ihre gotische Hauptkirche sein, ihr wahrer Schatz liegt am anderen Ende der nahezu perfekt erhaltenen Altstadt. Nachdem man gegen Ende des 15. Jahrhunderts deren Schutz durch einen festungsartigen Ausbau des zweiten Stadtmauerrings deutlich verstärkt hatte, konnte der Stadtrat auch ein anderes Problem für gelöst erklären. Dank einer Stiftung würden die Kranken, Armen und Alten bald eine neue Fürsorgeeinrichtung beziehen können. Die alte war 1451 während eines Scharmützels mit dem Markgrafen von Ansbach in Flammen aufgegangen.

Groß kann die Stiftung nicht gewesen sein. Darauf deuten der zweitklassige Bauplatz und die Einbeziehung von bereits vorhandener, aber wenig zweckmäßiger Bausubstanz hin. Läuft man vom Markplatz aus nach Süden, steht man bald vor einem Tor. Wer es nicht weiß, dem dürfte nicht auffallen, dass sich dort, wo sich vormals Weißenburgs erste Stadtmauer befunden hatte, ein schmales, schiefes Gotteshaus nach Osten streckt. Leider ist die Kuriosität, deren Baumeister mit dem gekrümmten Verlauf der zugeschütteten Verteidigungsanlage zurechtkommen mussten, nur zu besonderen Anlässen wie dem Tag des offenen Denkmals zugänglich. Obwohl sie 1995 bis 2003 auch mit Steuergeldern aufwendig saniert wurde.

Mittelalterliche Spitäler bestanden stets aus zwei ineinander verzahnten Gebäuden, einem Wohn- und Krankentrakt und einer Kirche. Sie waren über einen Durchbruch verbunden. Dadurch konnten auch Bettlägerige ohne die Gefahr, Gesunde zu infizieren, der Messe beiwohnen. Im Fall von Weißenburg schloss das Hospital stadtauswärts an die Kirche an. 1729 gestalteten Eichstätter Barockkünstler das Kircheninnere neu und stockten den Turm auf. Dabei gingen leider auch 16 von 48 Bildern einer Armenbibel verloren, eines mittelalterlichen Freskenzyklus, der den des Lesens unkundigen Kirchgängern das Leben Jesu erläuterte.

Adresse Spitalkirche Zum Heiligen Geist, Friedrich-Ebert-Straße 9, 91781 Weißenburg | Öffnungszeiten nur zu besonderen Anlässen zugänglich, Konfession: evangelisch, Gottesdienst: nur im Sommer So 8 Uhr | Tipp 1,5 Kilometer westlich des Dörfchens Suffersheim, das 1978 nach Weißenburg eingemeindet wurde, lebte im 11. Jahrhundert eine wundertätige Magd, die heilige Gunthildis. Direkt neben ihrer Einsiedelei steht seit 1995 das »Schneckenhaus Gottes«, eine ökumenische Kapelle.

73 Liebfrauenmünster

Die letzte Ruhe wird vermisst

Es ist ein Dilemma, dass Steven Spielberg seinen Indiana Jones nicht auch in dem 3.100 Einwohner kleinen Wolframs-Eschenbach auf Schatzsuche schickte. In dessen Pfarrkirche soll ein Sprachgenie begraben liegen. Bleibt die Frage: Wo? Zu seinen Lebzeiten kamen die Bewohner des baulich komplett im Mittelalter stecken gebliebenen Städtchens in einem romanischen Vorgängerbau zum Beten zusammen. Der Deutsche Orden, eine Gemeinschaft nachgeborener und daher nicht erbberechtigter Ritter, ersetzte das klobige Gemäuer ab 1220 durch eine Halle, die einem für die damalige Zeit revolutionären Stil folgte, der Gotik. Ein Schreiben des Dichters Püterich von Reichertshausen belegt, dass die letzte Ruhestätte Mitte des 15. Jahrhunderts noch da war. Seither wurde das Liebfrauenmünster wohl einmal zu oft aus- und umgestaltet. Zunächst im Stil des Barocks. Dann zu dem, was sich die Romantik unter Gotik vorstellte.

Generationen haben seither vergeblich nach ihnen gesucht. Den sterblichen Überresten Wolframs von Eschenbach. Mit seinen um 1205 aus 25.000 Versen geschmiedeten Abenteuern des Gralsritters Parzifal hatte er sich als deutschsprachiger Homer unsterblich gemacht.

1946 und 2000 aufs Neue in die größtmögliche Annäherung an den Zustand des 13. Jahrhunderts zurückgebaut, präsentiert sich das Wahrzeichen der kleinen, charmanteren Schwester des Touristenhotspots Rothenburg als lichtdurchflutete, aber schlichte, noch mit einer flachen Holzdecke verschlossene Komposition aus einem Haupt- und zwei Seitenschiffen. Im rechten: ein Sebastian, der es ekstatisch zu genießen scheint, mit Pfeilen gespickt zu werden. Besonders beachtenswert: der seltsam kleinteilige Altar im linken Seitenschiff. Um 1510 entstanden, liefert seine von einem Kreis aus Blüten eingefasste Übersicht der Hierarchie der Heiligen eine Anleitung für die wichtigste Gebetsform der Katholiken, den Rosenkranz.

Adresse Liebfrauenmünster, Wolfram-von-Eschenbach-Platz 5, 91639 Wolframs-Eschenbach, www.wolframs-eschenbach.bistum-eichstaett.de | Öffnungszeiten täglich tagsüber frei zugänglich, Konfession: katholisch, Gottesdienst: So 9.30 Uhr | Tipp Der weltberühmte, nach seinem Heimatort, dem nahen Windsbach, benannte Knabenchor übernimmt in der Region regelmäßig die Gestaltung von Gottesdiensten. Termine auf www.windsbacher-knabenchor.de.

74_Dom

Erbe königlicher Vorstellungen

Entgegen der landläufigen Meinung, sich in einer der ganz wenigen original erhaltenen Kirchenhallen der Romanik zu bewegen, zeigt sich der Bamberger Dom in seinem Inneren keineswegs in einem Zustand, der dem des Mittelalters entspricht. Ohne an dieser Stelle ein weiteres Mal den Zorn der Franken auf München schüren zu wollen, ist der Schuldige dort schnell ausgemacht. Ludwig I. war als bayerischer König der Hausherr des 1012 nach nur acht Jahren Bauzeit geweihten, nach mehreren Bränden wohl ab 1190 grundlegend neu errichteten kulturhistorischen Schwergewichts. Er störte sich daran, dass das Interieur im Barock durch farbenprächtige Altäre ersetzt und die 75 Meter langen Schiffe hellblau gestrichen worden waren. Dummerweise setzte er auf eine völlig falsche Vorstellung, als er 1830 eine Wiederherstellung des Urzustands in Auftrag gab. Seither hat Bamberg mit einer erdrückend kalten, eintönigen, ja toten Sandsteinhalle zurechtzukommen.

Selbstverständlich muss man den Bamberger Dom dennoch gesehen haben. Von außen. Wo der Ruf weitestgehend der Realität entspricht. Das berühmte romanische Eingangsportal: nice. Bitte von dort zunächst auf der Terrasse um die Apsis herumgehen. Jetzt aber: die Adamspforte! Wow! Heute verschlossen, wäre sie der historisch korrekte Eingang. Ihre um 1230 entstandenen dreidimensionalen Porträts von Adam und Eva und den Bistumsgründern Heinrich und Kunigunde: umwerfend expressiv; Meisterwerke, die man nicht vergisst! Im Dom selbst sobald möglich links abbiegen, die Skulptur des Bamberger Reiters kurz grüßen. Zwischen zwei Treppen: das Grab des Kaiserpaars Heinrich und Kunigunde. Der obligatorische Pulk drängelnder Mitbesucher erschwert es, Tilman Riemenschneiders detailbesessene Reliefplatten mit Muße zu betrachten.

Schnell wieder raus und links um den Dom herum. Am Langhaus: der historisch korrekte Ausgang, ein weiteres fulminantes Portal.

Adresse Dom St. Peter und St. Georg, Domplatz, 96049 Bamberg, www.bamberger-dom.de | **Öffnungszeiten** außerhalb der Gottesdienstzeiten frei zugänglich, Details siehe Website, Konfession: katholisch, Gottesdienst: So 11.30 Uhr, weitere siehe Website | **Tipp** Auf dem Bamberger Domberg bewahren zwei Museen, eine Galerie und ein Schloss das Erbe des Fürstbistums Bamberg. Besonders sehenswert: das Diözesanmuseum, in dem auch die Originale der Skulpturen von der Adamspforte aufbewahrt werden.

75 Kloster Michelsberg

Vorübergehend nur für Biertrinker

Sechs große Türme und ein kleiner, die wie Masten aus zwei altehrwürdigen Kirchenschiffen in den Himmel wachsen, prägen die Silhouette der 1993 zum UNESCO-Weltkulturerbe erklärten, weitgehend auf dem Stand der Barockzeit stehen gebliebenen Altstadt von Bamberg. Vier gehören zum Dom, die anderen zu einem Kloster, das, zunächst als verlängerter Arm des Bischofs, dann als dessen mächtiger Gegenspieler, die religiöse und weltliche Entwicklung des Nordostens von Bayern wie kein anderes mitgeprägt hat. Auch wenn die weitläufige Anlage, die einen der sieben Hügel komplett in Beschlag nimmt, auf denen das fränkische Rom erbaut wurde, grundlegend saniert wird, wäre es ein Sakrileg, ihre Kirche von der Liste der 111 strahlkräftigsten Gotteshäuser in Franken zu streichen. Hervorzuheben ist die berühmte Deckenbemalung der Klosterkirche: ein Pflanzenlexikon mit 600 Abbildungen von Kräutern und Co.

Die Aufgabe des vom Nachbarberg herüber grüßenden Bamberger Doms: den Zweck zu heiligen, zu dem das Kaiserpaar Heinrich und Kunigunde 1007 Frankens drittes Bistum gründete (zusätzlich zum heute oberbayerischen Eichstätt und Würzburg). Ziel war es, den Frankenwald und das Fichtelgebirge in die Wirtschafts-, Militär- und Verwaltungsstrukturen des Deutschen Reichs einzugliedern. Das Bodenpersonal der Landnahme: die Benediktinermönche, die Eberhard, der erste Bischof, in die Stadt holte. Zwei Jahrhunderte später erstreckte sich der Grundbesitz ihres Klosters Michelsberg auf 441 Orte. Eine spektakuläre Zahl, die den Erfolg ihrer Mission bezeugt.

Trotz der Sanierung: Es lohnt sich, auf den Michelsberg zu steigen. Vom Durchgang in den Klosterhof aus gesehen im linken Flügel des Wirtschaftstrakts huldigt das Fränkische Brauereimuseum halt einstweilen ohne einen täglichen Segen einem flüssigen Heiligtum. Exakt dort, wo die Mönche einst eine trübe Getreidesuppe zu Bier vergoren.

Adresse Kloster Michelsberg, Kirche und Fränkisches Brauereimuseum, Am Michelsberg 10, 96049 Bamberg, www.brauereimuseum.de | **Öffnungszeiten** Klosterhof bis 2025 nur bedingt, Kirche nicht zugänglich; Fränkisches Brauereimuseum April–Okt. Mi–Fr 13–17 Uhr, Sa, So 11–17 Uhr, Konfession: katholisch, Gottesdienst: voraussichtlich wieder ab 2025, siehe www.sb-bamberger-westen.de | **Tipp** Das Thema Bier hat auch im Bamberger Dominikanerkloster die Regie übernommen: die Kapelle der Mönche ist jetzt ein Gastraum des Kultwirtshauses Schlenkerla.

76 Maternkapelle

Hauptquartier der Weihnachtskrippe

Wie in jeder Region, so hat man auch in Bamberg ein Ritual entwickelt, das die Familien zwischen Heiligabend und Neujahr davor bewahrt, auf das Minenfeld der Langeweile zu geraten. Es beginnt mit einer Kaskade von in immer kürzeren Abständen wiederholten Aufforderungen an die bereits in Lethargie versunkenen Kinder, sich endlich Schuhe, Jacke, Mütze und Schal anzuziehen. Auf geht's. Zu einem Bummel durch die weitläufige, ja schier endlos große Bamberger Altstadt. Pflichtziel: eine Kapelle, die im 11. Jahrhundert weit hinter dem Dom nicht ganz glücklich in eine Senke gesetzt wurde.

Sofern man einen Erlass, den der Wittelsbacher Kurfürst und spätere König Max I. am 4. November 1803 in die Zeitungen setzen ließ, wahrheitsgemäß als Geburtsurkunde des berüchtigten Bamberger Raus-aus-Bayern-Patriotismus tituliert, ist die Kapelle das Hauptquartier der Bewegung. Im Februar 1803 hatten die Bamberger bereits schlucken müssen, dass die Annexion ihres Fürstbistums rückwirkend für rechtens erklärt wurde. Jetzt, wenige Tage vor dem ersten Advent, verbot ihnen ihr neuer Landesherr auch noch das Aufstellen von Krippen in Gotteshäusern und an anderen öffentlichen Orten.

Der Zorn über die Kriminalisierung ihres religiösen Brauchtums war so groß, dass es in Bamberg immer mehr und immer größere Miniaturbibelwelten zu sehen gab – zunächst in Privathaushalten, seit der Aufhebung des Verbots 1825 auch in Schaufenstern, Museen und natürlich in den Kirchen. 1930 erhielt der Motor der Protestbewegung, der Verein der Krippenfreunde, mit der Maternkapelle einen festen Bastel- und Ausstellungsraum. In rund 40 Versionen wird die Weihnachtsgeschichte dort nacherzählt. Tja, liebe Invasoren aus München, da ging wohl ein Schuss nach hinten los! Dank des Rituals wird der Zorn noch heute ganz selbstverständlich von einer an die nächste Generation weitergereicht.

Adresse Maternkapelle, Maternstraße 10, 96049 Bamberg, www.krippenfreunde-bamberg.de | Öffnungszeiten Weihnachtskrippen 1. Adventswochenende bis Dreikönig Mo–Fr 13–17 Uhr, Sa, So 11–17 Uhr; Passionskrippen um Ostern siehe Website, Konfession: profanisiert, Gottesdienst: nie | Tipp Die Bamberger Tourist-Info legt jedes Jahr einen aktualisierten Flyer auf, der zu den fast 40 Kirchen, Museen et cetera führt, die eine Krippe auf- oder zahlreiche ausstellen.

77_Obere Pfarre

Nummer zwei lebt

Noch mehr als mit ihrem Dom identifizieren sich die Bamberger mit einem sakralen Schatzhaus, das schon immer buchstäblich in dessen Schatten stand. Die Kirche Unsere Liebe Frau, von ihnen stets nur Obere Pfarre genannt, ist fast so alt, fast so groß und mit fast so wertvollen Kunstwerken gesegnet. Dreimal im Jahr steht das an einen steilen Hang, den Kaulberg, gesetzte Gotteshaus im Zentrum eines Spektakels, bei dem das Katholische in einem Maß aus den Bambergern herausbricht, als hinge ihr Leben davon ab, das glorreiche Feuerwerk des Barocks und der Gegenreformation neu abzubrennen. Die Weihnachtskrippe ist die größte der Stadt. An Trinitatis, dem ersten Sonntag nach Pfingsten, ehrt die Bruderschaft der Häcker ihren Schutzpatron, den heiligen Urban, mit einer opulenten Prozession.

Schließlich der Massenauflauf am Sonntag nach Mariä Himmelfahrt (15. August). In vollem Bewusstsein, von den Geschlechtsgenossen beneidet zu werden, holt ein Trupp starker Männer eine überlebensgroße Madonnenstatue vom Hochalter herunter. Erst wird sie ausgehfein gemacht, dann ihr stattliches Gewicht auf 16 Schultern verteilt. Fast 2.000 Gläubige begleiten sie quer durch die Stadt in die Kirche St. Martin, wo sie eine Andacht lang neben einer Pieta zu stehen kommt.

Mag sich der romanische, um 1450 erweiterte Baukörper von außen auch noch so bescheiden geben, innen bietet er genau das, was viele bei ihrem Besuch des Doms vermisst haben. Bitte viel Zeit einplanen, in der Oberen Pfarre ballen sich die Hingucker. Weit, hell, von der Heiterkeit des Barocks geprägt: das mit verspielten Ornamenten aus Stuck dekorierte Langhaus. Beeindruckend hoch: der gotisch belassene Hallenchor mit seinen 16 Kapellen. Im rechten Seitenschiff an der eingangsseitigen Wand: ein monumentales Knäuel von Leibern, das der weltberühmte Tintoretto um 1550 eigentlich für die Jesuitenkirche in Venedig malte.

Adresse Obere Pfarre/Unsere Liebe Frau, Frauenplatz 1, 96049 Bamberg, www.kirche-obere-pfarre-bamberg.de | **Öffnungszeiten** Winterzeit Sa–Do 9–17 Uhr, Fr bis 18.30 Uhr, Sommerzeit Sa–Do 9–18 Uhr, Fr bis 18.30 Uhr, Konfession: katholisch, Gottesdienst: So 11 Uhr, weitere siehe Website | **Tipp** Auf dem Maxplatz, auf dem heute Bambergs heimeliger Weihnachtsmarkt abgehalten wird, stand 500 Jahre lang die Untere Pfarre, eine gotische Großkirche. Sie wurde im Zuge der Säkularisation 1805, weil »unnötig«, abgerissen.

78 St. Gangolf

Das Bilderbuch der Bamberger Mentalität

Über die Jahrhunderte haben die Bamberger einen eigenbrötlerischen Volkskatholizismus eingeübt, der selbst für die romtreuen Abschnitte Frankens einzigartig ist. Zuerst, weil ein eigenes Bistum nun einmal zu Frömmigkeit verpflichtet. Dann als Ausdruck ihrer antibayerischen Ressentiments. St. Gangolf vermag die Melange aus hemdsärmeliger Naivität und offenbar genetisch vererbter Gottgefälligkeit griffiger und klarer als die anderen der über die Altstadt verteilten Kirchen zu verkörpern. Vielleicht, weil dort das Ave-Maria der Gläubigen nur selten von Touristen gestört wird.

Bis zur Säkularisation gehörte die Pfarrkirche zu einem Chorherrenstift, einer nicht mönchischen, aber nach den Regeln eines Mönchsordens lebenden Gemeinschaft. Offizielles Gründungsjahr: 1057. Allerdings dürfte damals bereits ein Vorgängerbau existiert haben. St. Gangolf liegt in direkter Nachbarschaft zu einer der Keimzellen der Stadt, einer seit Urzeiten genutzten Fernhandelsstraße, die hier eine Furt über den östlichen Regnitzarm kreuzte.

Ab 1753 stattete die um die Ecke ansässige Bildhauerdynastie Mutschele die im Kern romanische, um einen gotischen Chor verlängerte Halle mit Rokoko-Altären aus. Ihre Skulptur des Patrons des Viertels, dem mit Pfeilen beschossenen heiligen Sebastian, feiert dessen Qualen als ein Wohlgefühl. Die Figur in Ritterrüstung mit Fahne und Schild links auf dem Hauptaltar zeigt den heiligen Gangolf, einen Märtyrer des 8. Jahrhunderts. Seine Frau soll ihn mit einem Priester betrogen und ihn dann ermordet haben. Gottes Strafen: damals wie heute aus der eigenen Lebenserfahrung heraus für jedermann nachvollziehbar. Wenn sie fortan sprach, produzierte sie keine Worte, sondern Darmwinde. Aber nur am Freitag. Der Priester bekam starke Blähungen. Er platzte. Genau so trug es sich zu! Wie ein Schädelfragment beweist. Eine Reliquie, die man sich um 1640 in Eichstätt besorgte.

Adresse St. Gangolf, Theuerstadt 2, 96050 Bamberg, www.st-gangolf.de | **Öffnungszeiten** täglich 9–18 Uhr, Konfession: katholisch, Gottesdienst: Di 8.30 Uhr, Mi 8.30 Uhr, Do 19 Uhr, Sa 18 Uhr (14-tägig), So 10.30 Uhr | **Tipp** Zu beiden Seiten von St. Gangolf erstreckt sich das Viertel der Gärtner. Deren prächtige Tragaltäre, die sie noch heute bei Prozessionen mit sich führen, sind im nahen Gärtner- und Häckermuseum ausgestellt.

79__Schlosskirche

Unter beiden Hälften des Himmels

Als die frisch vermählte Markgräfin Friederike Sophie Wilhelmine 1732 in ihrer neuen Heimat Bayreuth eintraf, wurde der Gottesdienst dort bereits seit 200 Jahren ausschließlich im Geist Martin Luthers gefeiert. Weder sie noch ihr Gemahl dachten auch nur im Traum daran, am 1555 eingeführten Prinzip zu rütteln, dass die Konfession des Herrschers die der Untertanen bestimmt. Von daher dürfte die Infotafel an der Schlosskirche schon so manchem Ausflügler ein Fragezeichen ins Gesicht geschrieben haben. Sie klassifiziert das Gotteshaus, mit dem die baufreudige Dame die Kapelle des 1753 abgebrannten Alten Schlosses ersetzen ließ, als katholisch. Das ist sie seit 1812, als der bayerische König verfügte, dass auch die wenigen Bayreuther Romtreuen ein Gotteshaus haben sollten.

Hatte in Franken ein Maadla zum ersten Mal einen festen Freund, war bis weit über die 1960er hinaus keineswegs eine Schwangerschaft die erste Sorge der Eltern. Sollte das junge Glück nicht aus zweimal evangelisch oder zweimal katholisch bestehen: ein Skandal! Und ein zermürbendes Problem, da beide Pfarrer eine Trauung verweigerten, es sei denn, die heidnische Hälfte würde ihre Konfession annehmen und die Kinder dieser gemäß erziehen.

Als die Schlosskirche katholisch wurde, griff der Konflikt der Konfessionen auf deren Ausgestaltung über. Der typisch evangelische Kanzelaltar: durch eine zuckersüße Madonna ersetzt. Aus Rache, seit 1528 nahezu den gleichen Repressionen wie die Juden ausgesetzt gewesen zu sein, übertünchten sie auch eine der glanzvollsten Deckenkompositionen des Rokoko-Stuckateurs Giovanni Battista Pedrozzi und des Hofmalers Wilhelm Ernst Wunder. Aber da sind sie doch, die drei zarten Ansichten der protestantischen Hälfte des Himmelreichs … das sich letztlich nur durch eines vom katholischen Paradies unterscheidet: das dicke Danke für die 2018 erfolgte Wiederherstellung!

Adresse Schlosskirche, Schlossberglein 3, 95444 Bayreuth, www.schlosskirche-bayreuth.kirche-bamberg.de | **Öffnungszeiten** Nov.–März täglich 7.30–16 Uhr, April–Okt. täglich 7.30–19 Uhr, Konfession: katholisch, Gottesdienst: täglich zu verschiedenen Zeiten, siehe Website | **Tipp** In der Bayreuther Ordenskirche St. Georgen alias Sophienkirche finden sich 85 Wappen treuer Hofangestellter und Militärführer der Bayreuther Markgrafen.

80__Stadtkirche

Wie Phönix aus der Asche

Außen wie innen bildschön, vermag das sakrale Herz der Bayreuther Altstadt gekonnt über eine nicht enden wollenden Serie stummer und akuter Infarkte hinwegzutäuschen. Auf der Liste der Top zehn der beeindruckendsten gotischen Hallen in Franken steht die Stadtkirche erst seit 1978. Damals wurden die mit einem mittelalterlichen Sakralbau unvereinbaren, für ein evangelisches Gotteshaus aber obligatorischen Emporen entfernt. Man darf mit Recht darüber streiten, ob damit ein historischer Raumeindruck wiederhergestellt oder ein gänzlich neuer geschaffen wurde. Denn das Kreuzrippengewölbe, das die Blicke unwillkürlich nach oben zieht, wurde erst 1614 als sicherere Alternative zu einer Holzdecke eingezogen. Zu dieser Zeit war Bayreuth bereits seit fast einem Jahrhundert evangelisch und die Stadtkirche der Ort, an dem der Markgraf seiner Funktion als Landesbischof Ausdruck verlieh.

Ein verheerendes Feuer markiert die Stunde null der eleganten, je nach Lichteinfall gerne aber auch mal in Schwermut versunkenen Schönheit. Am 6. Februar 1430 steckten die zornigen Urväter der Reformation, die böhmischen Hussiten, bei einem ihrer Feldzüge gegen alles Papsttreue das Dörfchen Peyeruth und mit ihm seine Kirche in Brand. Der 1437 in Angriff genommene Neubau wurde so dimensioniert, dass alle rund 1.500 Einwohner zeitgleich in ihm Platz finden konnten. 1605 ein erster verheerender Stadtbrand, bei dem einer der beiden mit einer Holzbrücke verbundenen Türme auf das Langhaus stürzte. 1621 ein weiterer Großbrand. Die Vermutung, dass mindestens der Großteil der Einrichtung neu angeschafft werden musste, ist richtig.

1870 bis 1872 ein letzter vernichtender Schlag: der Zeitgeist der Romantik. Mit Ausnahme der Decke Rückbau auf den Stand von vor 1605. Die ohnehin wenigen Gemälde, Skulpturen, die Kanzel – fast alles, was nach Mittelalter aussieht, stammt aus dem 19. Jahrhundert.

Adresse Stadtkirche, Kirchplatz 1, 95444 Bayreuth, www.stadtkirche-bayreuth.de | **Öffnungszeiten** täglich 9–18 Uhr, Konfession: evangelisch, Gottesdienst: So 10 Uhr, weitere siehe Website | **Tipp** Die 1748 bis 1750 neu erbaute Spitalkirche ist ein Musterbeispiel für die spezifische Kirchenarchitektur des Bayreuther Markgrafentums.

81__St. Sebastian

4.300 Arbeitsstunden Eigenleistung

Jeder Franke kann die wichtigsten Bauwerke seiner Heimat vor seinem inneren Auge aufrufen, die Namen ihrer Architekten hingegen kennen nur Spezialisten. Noch weniger bekannt ist, dass der 2001 verstorbene Hans Maurer, dessen Siemens-Hochhaus (1962), Siemens-Forschungszentrum (1965) und Siemens-Rechenzentrum (1979) das Gesicht des heutigen Erlangens prägen, seine Karriere mit einer Dorfkirche begann. Gäbe es den Ehrentitel der verkanntesten sakralen Schönheit, das spröde, an einen Südhang gestellte, lichtdurchflutete, 1953 geweihte Gotteshaus des damals 165 Einwohner kleinen Bernheck hätte ihn verdient.

Bernheck liegt in einem Eck, in dem das für Franken typische Durcheinander der politischen und konfessionellen Zugehörigkeit besonders groß ist. Im 11. Jahrhundert musste das Bistum Eichstätt die von ihm christianisierte Region an Bamberg abtreten, im 17. Jahrhundert ging Bernheck dann an den benachbarten Marktflecken Plech und damit an das protestantische Markgrafentum Ansbach-Bayreuth. Das Dorf liegt deshalb heute in Oberfranken. Konfessionell aber blieb alles beim Alten. Bernheck ist eine Exklave der katholischen Pfarrei Neuhaus an der Pegnitz, das 1805 der Oberpfalz und in den 1970ern schließlich Mittelfranken zugeschlagen wurde. Sonntag für Sonntag dasselbe, vier Jahrhunderte lang: Auf dem Papier war den Bernheckern für ihren Weg zum Gottesdienst in Neuhaus freies Geleit garantiert. In der Realität aber wurden sie permanent für ein körperliches Kräftemessen abgepasst.

Wie stark sich die Bernhecker deshalb nach einer eigenen Kirche sehnten, lässt sich an ihren Eigenleistungen ablesen. Einer von ihnen stellte den Baugrund, andere die benötigten 44 Festmeter Holz. Kostenlos. 4.300 ehrenamtliche Arbeitsstunden später der letzte Handgriff. In der Kirche wurde Efeu gepflanzt. Als Symbol für die Schöpfung überwuchert er die Wand hinter dem Altar.

Adresse St. Sebastian, Bernheck 33a, 91287 Plech-Bernheck, www.neuhaus-bernheck.kirche-bamberg.de | **Öffnungszeiten** täglich tagsüber frei zugänglich, Konfession: katholisch, Gottesdienst: nur zu besonderen Anlässen | **Tipp** Im Zentrum von Plech begeistert mit St. Susannae ein Musterexemplar aus der klassizistischen Spätphase der Markgrafenkirchen.

82 St. Bartholomäus

Utopie aus Gold und Stuck

Es hat nicht viel gefehlt, dass diese für das Markgrafentum Bayreuth idealtypische Barockkirche wegen einer gscheid bleedn Gschicht ein schöner Traum geblieben wäre. Aber die Bewohner des damals noch überschaubar kleinen, finanziell gar nicht so schlecht gepolsterten Bindlach hatten 1767 schlicht keine andere Wahl, als ihrem Herrscher das Ersparte auszuhändigen, das eigentlich für den Neubau der Dorfkirche reserviert war. Wenn Friedrich Christian von Brandenburg-Preußen, glückloser Sanierer des Staatshaushalts, seine Untertanen um einen Gefallen bat, dann allein der Nettikette wegen. Allen war klar, wie man das Wort »leihen« zu verstehen hatte.

Sei's drum! Denn aus heutiger Sicht ist die Bauverzögerung ein Glücksfall. Die Frage, was genau ihr einsturzgefährdetes gotisches Gotteshaus ersetzen sollte, hatte niemand Geringerer als Carl von Gontard beantwortet, ein Stararchitekt seiner Zeit, den der preußische König einlud, die Wahrzeichen Berlins – Gendarmenmarkt, Stadtschloss – mitzugestalten. Die Bindlacher konnten sich also bereits auf den Rohbau etwas einbilden. Da sie Tag für Tag Fuhrknechten den Bindlacher Berg hinaufzukommen halfen, hatten sie die für den Rest benötigte Summe bald zusammen.

Eine neue, noch unverbrauchte Künstlergeneration machte sich an die Innenausgestaltung. Es heißt, dass sie ihnen unvergleichbar gut gelang. Jedes noch so kleine Detail ist auf die Verkündigung im Sinne Luthers und die gemeinsame Kelchkommunion zugeschnitten. Die Kanzel steht im Zentrum der Aufmerksamkeit, alle Blicke sind wie automatisch auf sie gerichtet. Und damit auch auf den weltlichen Herrscher, dessen Monogramm die Kanzeldecke ziert. Ausgehend von dem Ort, an dem aus der Bibel gelesen und gepredigt wird, fächert sich das Weltbild des Protestantismus auf. Zuoberst: ein strahlender Jesus. Beiläufig in die Decke eigearbeitet: die Werkzeuge, mit denen sie ihn marterten.

Adresse St. Bartholomäus, Kirchplatz 3, 95463 Bindlach, www.bindlach-evangelisch.de | Öffnungszeiten täglich ab 9 Uhr, Konfession: evangelisch, Gottesdienst: So 9.30 Uhr | Tipp Mit St. Walburga findet sich im Bindlacher Ortsteil Benk eine typische Markgrafenkirche mit einem umwerfend volkstümlichen Charme.

83 Zum Heiligen Blut

(K)eine Seele wohnt in jedem Ding

Jeder der 1.300 Einwohner Burgwindheims ist irgendwie beteiligt, wenn am Donnerstag nach Fronleichnam das große katholische Spektakel des Steigerwalds beginnt. Aber auch für Ethnologen ist das Blutsfest ein Ereignis, lässt es doch den Geisterkult der Naturreligionen, die auszurotten den Missionaren des 19. Jahrhunderts ein Herzensbedürfnis war, als semiprofessionell erscheinen.

Vier Tage lang zementiert das Fest die Tatsache, dass ein Gebäck zugleich das Fleisch des vor 2.000 Jahren verstorbenen, Mensch gewordenen Gottes sein kann. Im Zentrum der Feierlichkeiten: ein kleines Gotteshaus am alten Ortsrand. Wo die Heiligblutkapelle steht, befand sich 1465 am 60. Tag nach Ostersonntag der dritte Atar, an dem die Fronleichnamsprozession einen Halt einlegte, damit der Pfarrer die umliegenden Felder segnen konnte. Wie fünf Adelige beurkundeten, fiel dabei die auf dem provisorischen Opfertisch abgestellte Monstranz um und obendrein die in ihr verwahrte Hostie auf den Boden. Ohne jedwedes Zutun. Nur ein Heide vermag dies als Missgeschick zu deuten. Aus katholisch-religiöser Sicht ein Wunder, da sie ihren Aufenthaltsort selbst bestimmte. Man wollte den Leib des Herren aufheben. Es ging nicht. Der Abt des nahen, sofort informierten Klosters Ebrach verordnete seinen Mönchen zu fasten. Am achten Tag gelang es ihm, den Leib Jesu aufzuheben. Einen Steinwurf unterhalb der Heiligblutkapelle trat 1625 zu alldem eine Quelle zutage, die sich als heilkräftig erwies.

Wunder, bei denen sich Wein oder eine Hostie als beseelt zu erkennen geben, werden generell Heilig Blut genannt. Daher der Name der zuletzt um 1597 erneuerten Kapelle, in der die Oblate bis heute aufbewahrt wird. In Anbetracht ihrer magischen Kräfte darf behauptet werden, dass sich die katholischen Missionare der Kolonialzeit den Schamanen Afrikas mit vollem Recht überlegen fühlten.

Adresse Wallfahrtskapelle zum Heiligen Blut, Blutbrunnenstraße 1, 96154 Burgwindheim | **Öffnungszeiten** nur am Blutsfest (Do nach Fronleichnam bis So), Konfession: katholisch, Gottesdienste: am Blutsfest stündlich 4–8 Uhr | **Tipp** Der bedeutendste fränkische Heilig-Blut-Wallfahrtsort, Walldürn, liegt heute in Baden-Württemberg.

84__Coburg Merkez Camii

Wie du und ich gesehen werden

Fast sechs Millionen Deutsche packten zwischen 1820 und dem Beginn des Ersten Weltkriegs ihre kümmerlichen Habseligkeiten, um sich drüben in der Ferne, den USA, als Arbeitsemigranten zu verdingen. In ihrem Fall empfinden wir es als ganz selbstverständlich, dass sie ihren Glauben in ihre neue Heimat mitbrachten, dort Gotteshäuser nach der Art ihrer Väter errichteten. Merkt hingegen eine muslimische Gemeinschaft an, dass ihre Religion noch immer nicht in Frankens Städten und Dörfern sichtbar ist, muss sie mit einer Welle schärfsten Protests, Beleidigungen und Hass rechnen – drei, vier Generationen nach der Ankunft der ersten in der Türkei angeworbenen Gastarbeiter.

Coburg. Wohlhabend. Evangelisch geprägt. Nur wenige wissen, dass sich in der immerhin 40.000 Einwohner großen Stadt gleich zwei muslimische Gemeinden gebildet haben. Das in einem Vorort gelegene Gebetshaus der 2014 gegründeten Internationalen Islamischen Gemeinde ist von außen nicht zu erkennen. Damit steht es stellvertretend für Hunderte, die sich zwischen Hof und Pappenheim, Aschaffenburg und Wunsiedel vor Auseinandersetzungen wegducken. In der am Rand der Altstadt gelegenen Merkez Camii, der Zentral-Moschee der 1986 gegründeten sunnitischen Diyanet İşleri Türk İslam Birliği (DİTİB), entschied man sich für einen anderen Weg. Nach zähem Ringen erhielt sie 2012 die Genehmigung, sich eine Kuppel und ein symbolisches Minarett auf ihr Dach zu setzen. Ein kluger Schachzug, um dem Verdacht eines konspirativen Treffpunkts extremistischer Jungs entgegenzutreten. In einen ehemaligen Gewerbebetrieb eingepasst. Oder zweckmäßig konzipiert und daher architektonisch austauschbar. Leider, noch hat keine islamische Gebetsstätte in Franken den Status einer Sehenswürdigkeit erreicht. Umso dringender der Tipp, einfach mal wegen der Menschen hinzugehen. Zum Beispiel am 3. Oktober, dem Tag der offenen Moschee.

Adresse DİTİB Coburg Merkez Camii, Viktoriastraße 2, 96450 Coburg, www.ditib-coburg.de | Öffnungszeiten zu den Gebetszeiten, Konfession: sunnitischer Islam, Gottesdienst: Freitagsgebet 13 Uhr | Tipp Seit 1995 lädt die Nürnberger Begegnungsstube Medina Christen, Juden, Atheisten und Co. zur Förderung des Dialogs in eine idealtypische, dabei aber nur simulierte Moschee mit Islam-Museum ein.

85 Klosterkirche

Wandelhalle der Ekstase

80 Kilometer, aber auch eine -tausendjährige Feindschaft trennen die Bistumsstädte Bamberg und Würzburg. Wer Zeit hat, tut gut daran, die Distanz auf historisch korrekten Pfaden zu überbrücken und die uralte Fernhandelsstraße, die B 22, der Autobahn vorzuziehen. Schon des Landschaftserlebnisses wegen, das auf halbem Weg abrupt umschlägt. Kurz nachdem – von Würzburg aus gesehen – das milde Weinbauland dem rauen dunklen Steigerwald und seinen nur mäßig ergiebigen Feldern gewichen ist, ein beschauliches Dorf, dem man, auch ohne anzuhalten, ansieht, dass es irgendwann anno dazumal bedeutend gewesen sein muss.

Die erste, durch die barocke Fassade eines schlossartigen Gebäudes ausgelöste Vermutung, dass es sich um eine Sommerresidenz eines der beiden Fürstbischöfe handelt: falsch. Heute als Justizvollzugsanstalt genutzt, bezeugen der zentrale Repräsentationsbau und die Weite seines Vorplatzes den immensen Reichtum, den das Kloster Ebrach von seiner Gründung 1127 bis zur Säkularisation angehäuft hat. Trotz der abgeschiedenen Lage und der Ordensregeln, die den bis zu 100 Mönchen ein asketisches Leben abverlangten.

Zumindest die demütig in eine Senke gestellte, 1200 bis 1285 über einem Vorgängerbau errichtete gotische Klosterkirche scheint den strengen Vorschriften des Zisterzienserordens zu gehorchen, die Zierrat, Türme und anderen Luxus verboten. Will man von außen meinen. Innen jagt ein Feuerwerk aus Ornament und Figurenschmuck, aus spätbarockem Stuck und klassizistischem Bombast den Puls in schwindelerregende Höhe. Der Sogwirkung des von Gelb und Weiß dominierten Exzesses zu entgehen: unmöglich. Der mit 88 Metern schier unendlich lange, bis zu 48 Meter breite, labyrinthische Aufbewahrungsort der vor der Beerdigung entnommenen Herzen der Würzburger Fürstbischöfe: ein Tanz auf dem Vulkan der Lebensfreude. Willkommen im Rausch der Ekstase.

Adresse ehemalige Klosterkirche / Pfarrkirche Mariä Himmelfahrt, Bamberger Straße 2, 96157 Ebrach, www.pfarrei-ebrach.de | Öffnungszeiten Kirche April – Okt. täglich 10 – 12 und 14 – 18 Uhr; Führung durch Treppenhaus und Kaisersaal des Klosters April – Okt. täglich 13.45 Uhr, Konfession: katholisch, Gottesdienst: So 8.30 Uhr | Tipp In Sachen Reichtum, Größe und Einfluss konnte sich nur das Kloster Langheim (heute ein Ortsteil von Lichtenfels) mit Ebrach messen. 1802 wurde es durch ein Feuer vernichtet.

86__Heiliger Bühl

Stille an 364 Tagen im Jahr

Sie liegen abseits der Touristenattraktionen der Fränkischen Schweiz. Und sie haben eine Gemeinsamkeit. Obwohl für eine eigene Kirche zu klein, können die Nachbardörfer Engelhardsberg und Wölm ein überzeugendes Argument vorweisen, weshalb sie dennoch berechtigt sind, eine Kerwa, ein Kirchweih-Fest, zu feiern. Fuchs und Hase sind es längst gewöhnt, gegen Ende August für einige Tage zu Verwandten überzusiedeln. Dann, wenn ein paar Männer draußen im Wald auftauchen und einen verwunschenen, oben auf einem Hügel gelegenen Platz ein wenig sauber machen.

Jedes Jahr am Sonntag nach Bartholomäi (24. August) treffen sich mehr Gläubige auf dem zwischen Engelhardsberg und Wölm gelegenen Hügel, als in beiden Dörfern leben, um in der Ruine einer gotischen Kirche den Kerwa-Gottesdienst zu feiern. Ansonsten weiß man über die vom Volksmund Heiliger Bühl getaufte Wüstung so gut wie nichts. Die für einen Kirchenbau des 15. Jahrhunderts recht bescheidenen Maße von 20 auf neun Meter deuten auf den Versuch der Ritter von Streitberg hin, eine Georgswallfahrt einzuführen. Dem widersprechen der Nachweis eines kleinen Friedhofs und das im Kärwa-Gottesdienst tradierte Patroniziat des Apostels Bartholomäus. Unbestreitbar ist, dass es den Dörflern während des Dreißigjährigen Kriegs nicht möglich war, der Messe in der für sie zuständigen Pfarrkirche von Muggendorf beizuwohnen. In den Jahrzehnten der höchsten Not fanden sie auf dem Heiligen Bühl eine spirituelle Zuflucht.

Einzig und dafür fast vollständig erhalten: die Rückwand des seit dem Wiederaufbau der Muggendorfer Kirche dem Verfall preisgegebenen Gemäuers. Bis zum nächsten Bartholomäustag der Natur überlassen: die von ihr beschirmten Sitzbänke, ein zum Altar geweihter Naturstein und ein in einen Baum gehängtes Kruzifix. Fuchs und Hase: exakt am Montag nach Bartholomäi kommen sie zurück.

Adresse an der Verbindungsstraße von 91346 Engelhardsberg aus gesehen links ist der entsprechende Parkplatz ausgeschildert | **Öffnungszeiten** jederzeit frei zugänglich, Konfession: evangelisch, Gottesdienst 1. So nach dem 24. August 9.30 Uhr | **Tipp** Die 1632 von schwedischen Truppen zerstörte Muggendorfer Laurentiuskirche ehrt auf ihrem Rokoko-Hauptaltar den Kirchenpatron und damit – für eine evangelische Kirche ungewöhnlich – einen Heiligen.

87_Wallfahrtsbasilika

Wo Wunder auf Abruf geschehen

Irgendwann im ausgehenden 18. Jahrhundert, am Dreifaltigkeitsfest, das am ersten Sonntag nach Pfingsten gefeiert wird. Wieder einmal platzt der Markfleck Gößweinstein aus allen Nähten – und wie immer ist ganz von selbst eine Formation entstanden, haben sich die Leute kreisförmig um die Basilika hin sortiert von starkem zu schwachem Glaubensdruck. Der innerste Ring wartet auf ein Zeichen, um das Gotteshaus dreimal auf Knien zu umrunden und sich sogleich für die Abendandacht die vordersten Sitzplätze zu sichern. Gott allein weiß, wie wund und aufgescheuert die Füße von drei Tagen Fußmarsch sind, sie könnten die Frauen und Männer dieses letzte kleine Wegstück nicht mehr tragen. Von den Parteigängern des äußersten Rings ist zu diesem Zeitpunkt nichts mehr zu sehen. Sie lassen sich entschuldigen und es sich in den Wirtshäusern gut gehen.

Man weiß nicht, seit wann genau sich das tief in der Fränkischen Schweiz, aber gefährlich nahe an der Demarkationslinie zwischen evangelisch und katholisch gelegene Gößweinstein zu einer der stärksten Glaubensbastionen Frankens entwickelte. Als Balthasar Neumann, Stararchitekt des Barocks, 1730 damit betraut wurde, die alte, zu eng gewordene Kirche zu überbauen, hielt sich der Andrang mit um die 35 Wallfahrtgruppen im Jahr in Grenzen. Dass es heute spektakuläre 140 sind, die sich zu Fuß in ihren Heimatdörfern auf den Weg machen, spricht Bände über den Aufschwung, den das kollektive Bittgangritual dem zunehmenden Bedeutungsverlust der Institution Kirche zum Trotz genommen hat.

Anderenorts gerne um einen Ausgleich bemüht, verteidigt der Hausherr, das Bistum Bamberg, hier die spirituelle Sphäre eines Ortes, an dem, wie das angeschlossene Museum bezeugt, Wunder auf Abruf geschehen, gegen die Neugierde kunstsinniger Ausflügler. Denn ja, es stört, dass sie weder ihren Mund halten noch ihre Handys in der Tasche lassen können.

Adresse Wallfahrtsbasilika Heilige Dreifaltigkeit, Balthasar-Neumann-Straße 2, 91327 Gößweinstein, www.pfarrgemeinde-goessweinstein.de, www.wallfahrtsmuseum.info | **Öffnungszeiten** Kirche täglich 8–19.30 Uhr, Museum siehe Website, Konfession: katholisch, Gottesdienst: täglich zu wechselnden Zeiten, siehe Website | **Tipp** In Heiligenstadt – ebenfalls in der Fränkischen Schweiz – überrascht die Veits- und Michaelkirche mit einer an die Decke und die Empore gemalten, 64 Motive umfassenden Armenbibel.

88__St. Pankratius

Keine Schönheit ohne Gefahr

In der Theorie mag die Idee ja genial gewesen sein, einem Bergzacken, der aus einem weiten Hügelland heraussticht, eine Wallfahrtskapelle aufzusetzen. Aber der Fels, den der Bamberger Bischof 1610 seinem Baumeister Giovanni Bonalino zuwies, hat es in sich. Der Gügel, so der Name der Sandsteinformation, den der Volksmund auf das Gotteshaus und das benachbarte Wirtshaus übertragen hat, ist für ein barockes Bollwerk des Glaubens eigentlich zu klein. Obendrein ist er auch noch brüchig und instabil.

Dass die Landmarke in den letzten Jahrzehnten gefühlt dreimal länger wegen Sanierung geschlossen als geöffnet war, erklärt sich aus der real existierenden Gefahr, in einzelne Stücke portioniert ins Tal abzurutschen. Der erste Vorgängerbau, eine Burg, war aus demselben Grund schon im 13. Jahrhundert nicht mehr zu gebrauchen. Ihre Besitzer konzentrierten sich deshalb auf den Ausbau einer weitaus geschickter platzierten, nur eineinhalb Kilometer entfernten Festung, der berühmten Giechburg. Der Gügel wurde zu ihrer vorgelagerten Verteidigungslinie. 1510 brach seine Kapelle erneut ohne feindliches Zutun zusammen. Giovanni Bonalino war bewusst, dass er tief in die Trickkiste der Statik greifen, eine Stütze konstruieren musste. Optisch mag seine breite, schier unendlich lange, als Viadukt ausgeführte Treppe unglücklich wirken, die vom Fuß des Felsgebildes zum Eingangsportal hinaufführt. Aber ihre maßlosen Proportionen waren nötig. Kenner bevorzugen einen zweiten Eingang, der sich seitlich bei einem überhängenden Felsen findet. Er führt in eine Lourdesgrotte. Der enge Aufgang, über den man von dort in die barocke Pracht des Kirchenschiffs gelangt, ist eine Hinterlassenschaft der Burg, war ursprünglich ein Wehrgang.

Traditionell erklimmt man den Gügel zu Fuß. Der Weg ab Zeckendorf ist kurz, am Ende aber derart steil, dass selbst Sportskanonen um Erlösung bitten.

Adresse Kapelle des heiligen Pankratius, Gügel 1, 96110 Scheßlitz | Öffnungszeiten Mo, Mi–So ab 10 Uhr, Konfession: katholisch, Gottesdienst: nur zu besonderen Anlässen | Tipp In den Dörfern am Fuß des Gügels blühte 600 Jahre lang eine jüdische Gemeinde, ihr Gemeinschaftsfriedhof im Wald bei Zeckendorf zählt zu den schönsten seiner Art.

89 Gebetsstätte

Angewandte theologische Logik

8. Dezember 1949. Rund 10.000 Gläubige nehmen das Fest der Unbefleckten Empfängnis Mariens zum Anlass, um in das fünf Kilometer hinter Forchheim gelegene Bauerndorf Heroldsbach zu pilgern, das seit zwei Monaten nicht mehr aus den Schlagzeilen kommt. Etliche Kinder sind es mittlerweile, denen auf einem im Ortsteil Thurn gelegenen Hügel zuverlässig und regelmäßig die Gottesmutter erscheint. Gegen 14.30 Uhr signalisieren die Kleinen einem Geistlichen, der sie an diesem Tag nicht zum ersten Mal begleitet: Sie ist jetzt da! »Ich ließ nun«, so Johann Baptist Walz, Professor für Theologie, »durch Rosine Bradl (Oberpfälzer Kind!) die Frage an die Erscheinung richten: ›Liebe Gottesmutter, dürfen wir Dich als Gottesmutter von Heroldsbach-Thurn verehren?‹, worauf die Antwort deutlich lautete: (ein lautes) ›Ja.‹«

Möge sich jeder das Seine über die sich bis zum 31. Oktober 1952 hinziehenden Visionen denken. Die Institution Kirche jedenfalls klassifizierte die Ereignisse als Privatoffenbarungen, aber nicht, wie von zigtausend Zeugen gefordert, als Wunder. Warum? Höhere theologische Logik! Am 27. Oktober 1949 ließ der Bamberger Weihbischof eines der Kinder Maria fragen: »Bist du die Assumpta?« »Nein, ich bin es nicht, ich bin die Gottesmutter, die Himmelsmutter.« Diese Antwort erlaubte keine andere Möglichkeit. Ihr zufolge war die Erscheinung nämlich nicht mit jener Maria identisch, die sich durch *assumptio*, durch die Aufnahme in Gestalt ihres irdischen Leibs in den Himmel, auszeichnet. Logisch, dass jedem, der, wie Heroldsbachs Pfarrer, die Seherkinder und Johann Baptist Walz, von Wundern sprach, die Exkommunikation drohte.

Still ist es mittlerweile um das zu einem von der Kirche offiziell tolerierten Gebetspark ausgebaute Areal geworden, auf dem sich Maria den Kindern zeigte. Holzkreuze stehen bereit, um sie auf Knien um die Kirche zu tragen. Der Andrang ist ungebrochen.

Adresse Gebetsstätte, Am Herrengarten 9, 91336 Heroldsbach, www.gebetsstaette-heroldsbach.de | Öffnungszeiten rund um die Uhr frei zugänglich, Konfession: katholisch, Gottesdienst: siehe Website | Tipp Die Kirche St. Georg des Heroldsbacher Ortsteils Poppenreuth wurde bereits im 9. Jahrhundert vermutlich über einem germanisch-keltischen Kultplatz erbaut.

90_Waldkloster Muttodaya

Der lange Weg ins Nichts

Damit Missverständnisse gar nicht erst aufkommen, distanzieren sich die fünf Mönche des einzigen echten buddhistischen Klosters in Franken klipp und klar von der Erwartungshaltung, die allzu viele an die fernöstlichen Religionen stellen. Gerne dürfen sie auch Anfänger in der Einsamkeit der oberfränkischen Wälder besuchen, wo sie sich nach dem Vorbild Siddhartha Gautamas den Weisheitsgrad eines Erwachten erarbeiten, in ihrer Dhammahalle meditieren oder ihren Stupa umrunden. Wer aber ihr Kloster Muttodaya, so ihre Website, mit einem »Wellness-Institut für Leute« verwechselt, »die ›mal so richtig entspannen‹ wollen«, oder in ihm die letzte Chance »für schwer erziehbare Kinder« sieht, erspare sich bitte den Weg.

Zwischen Flensburg, Füssen, Düren und Dresden gibt es gerade mal rund ein Dutzend echte buddhistische Klöster. Dass eines von ihnen ein gutes Stück hinter dem 17 Einwohner kleinen Herrnschrot seine Heimat fand, ist dessen Bewohner Raimund Beyerlein zu verdanken. Als der Verleger buddhistischer Literatur erfuhr, dass der hinterste Hof des Weilers zum Verkauf stand, griff die Buddhistische Gesellschaft Franken zu. 2008 zogen die Mönche ein. Gemäß der besonders strengen Theravada-Tradition leben sie ausschließlich von Almosen. Jede Mahlzeit, sogar der Stoff, aus dem sie ihre traditionellen Roben geschneidert haben: eine Spende. Ebenso ein Traktor, ohne den es ihnen nicht möglich gewesen wäre, im Wald für jeden eine eigene Schlafhütte zu bauen.

Verboten ist aber auch, aktiv um eine Spende zu bitten. Um es denjenigen leichter zu machen, die geben wollen, folgen die Almosengänge einem festen Fahrplan. Wer will, kann den Mönchen jeden Mittwoch um 9.30 Uhr in Kulmbach am Marktplatz oder jeden Donnerstag um 10.10 Uhr in Bayreuth vor dem Asia-Markt in der Carl-Schüller-Straße die Sammelschüssel füllen. Vielleicht die bessere Alternative, um in einen ersten Kontakt zu treten.

Adresse Waldkloster Muttodaya, Herrnschrot 50, 95236 Stammbach-Herrnschrot, www.muttodaya.org | Öffnungszeiten Bibliothek, Meditationshalle und Stupa tagsüber frei zugänglich, Stationen der Almosengänge auf der Website, Konfession: Theravada-Buddhismus, Gottesdienst: siehe Website | Tipp Der Bodhidharma Tempel in Nürnberg steht in der weitaus populäreren Tradition des Zen-Buddhismus.

91 Stiftskirche

Der lange Weg zur Menschlichkeit

Einen schlichten Gedenkstein haben sie aufgestellt. Immerhin. Er erinnert an 201 Frauen und Mädchen, die 1941 in ihrem Zuhause, der Behindertenanstalt Himmelkron, abgeholt und im Rahmen des Euthanasieprogramms getötet wurden. Da der von den Historikern als Aktion T4 bezeichnete Massenmord, dem deutschlandweit 70.000 Menschen zum Opfer fielen, vom Mutterhaus im mittelfränkischen Neuendettelsau bereitwillig unterstützt wurde, wirft ausgerechnet der jüngste Abschnitt einer langen Geschichte einen dunklen Schatten auf das verwinkelte Schloss- und Klosterareal des 15 Kilometer nördlich von Bayreuth gelegenen Dorfs. Obwohl man sich doch ganz dem Schutz der Schwachen, der Menschlichkeit verpflichtet hatte.

Friedrich Langheinrich, 1883 bis 1895 Pfarrer von Himmelkron, erkannte in der Sammlung nobler, aber schwer nutzbarer Gebäude, die die längs gestellte Kirche vom tiefer liegenden Dorf abschirmte, den perfekten Ort, um vor allem geistig Behinderten ein würdevolles Leben zu ermöglichen. Frankens größte evangelische Einrichtung für soziale Dienste, die Diakonie Neuendettelsau, stimmte dem zu. 1893 kauft sie das ehemalige Jagdschloss der Markgrafen von Bayreuth.

Wie man als Besucher der Kirche begeistert feststellt, nicht die erste Umnutzung. Dem im barocken Markgrafenstil ausgestalteten, aber zweifelsfrei bereits in der Gotik aufgemauerten und mit einer Krypta unterkellerten Kleinod ist ein Flügel eines mittelalterlichen Kreuzgangs angeschlossen. Ein um 1280 gegründetes Zisterzienserinnenkloster, in dessen Obhut der Adel seinen für den Heiratsmarkt kontraproduktiven Überschuss an Töchtern abstellte, steht am Anfang der Geschichte. Ein sehr reicher, nach seiner Auflösung 1590 aber wieder und wieder geplünderter Konvent, wie das kleine, an die Kirche angeschlossene Museum zu erzählen weiß. Sich um andere zu kümmern soll nicht die Sache der Nonnen gewesen sein.

Adresse Stiftskirche, Klosterberg 8, 95502 Himmelkron, www.kirchengemeinde-himmelkron.de | Öffnungszeiten Kirche April–Okt. täglich 8–18 Uhr, Museum Mai–Sept. So 13.30–16.30 Uhr, Konfession: evangelisch, Gottesdienst: siehe Website | Tipp Die makellose gotische Anmutung der Petrikirche Kulmbach ist ein Werk des 19. Jahrhunderts. Unter Zuhilfenahme der Phantasie wurde die Hauptkirche der Stadt damals in den Zustand vor ihrer Zerstörung 1553 zurückversetzt.

92 Hospitalkirche

Das gemalte Testament

Die Älteren nennen das unscheinbare Gotteshaus noch ihre »Siemakerng«. Bei den Jüngeren hingegen, die in jene Zeit hineingeboren wurden, in der es nicht mehr die Aufgabe der Kirchenglocken ist, den Tag zu strukturieren, ist das Gemäuer, das über Jahrhunderte um sieben Uhr in der Früh den Reigen der Gottesdienste eröffnete, schlicht das »Schatzkästlein«. Dank seiner Lage einen Steinwurf außerhalb der Stadtmauern überstand es den großen Brand, der das übrige Hof am 4. September 1823 dem Erdboden gleichmachte.

Der Elan der Predigt ist nicht der Grund, wenn die Besucher der 1268 geweihten, mehrmals durch Krieg zerstörten und zuletzt 1557 erneuerten Seelsorge-Abteilung des mittelalterlichen Armenkrankenhauses den Blick von der Kanzel abzuwenden. Nur kurz fixieren die Augen einen spätgotischen Marienaltar, der nach der Einführung der Reformation 1529 an seinem ursprünglichen Standort, der Hofer Hauptkirche St. Michaelis, theologisch nicht mehr tragbar war. Dann legt sich der Kopf wie automatisch in den Nacken.

Nachdem sich Hof von den Gräueln des Dreißigjährigen Kriegs einigermaßen erholt, man das Kirchlein einigermaßen wiederhergerichtet hatte, beauftragte der Hospitalprediger Nikolaus Meyer 1688 einen lokalen Maler, die Heilige Schrift in 90 Bildtafeln nachzuerzählen. Damit auch diejenigen die Bibel zu studieren vermochten, die sie nicht als Buch lesen konnten. Heinrich Andreas Lohe verlegte den Turmbau zu Babel, die Flucht nach Ägypten, die Steinigung des Stephanus et cetera in eine Landschaft, in der sich die Hofer auskennen sollten. Adam und Eva, Moses, Jesus, seine Jünger, der geheilte Blinde, die Händler im Tempel: alles Menschen wie du und ich. Wer in dieser Kirche ein Opern- oder Fernglas mitnimmt, ist klar im Vorteil. Der grandiose Charme und der Detailreichtum des an der Decke und den Emporen angebrachten Zyklus offenbaren sich erst bei genauem Hinsehen.

Adresse Hospitalkirche Hof, Unteres Tor 7, 95028 Hof, www.hospitalkirche-hof.de | Öffnungszeiten Di–Do 9–12 und 13.30–16 Uhr, Fr 9–12 Uhr (wenn geschlossen, beim Pfarramt klingeln), Konfession: evangelisch, Gottesdienst: So 11 Uhr | Tipp Der am entgegengesetzten Ende der Altstadt von Hof gelegenen, 1214 erstmal bezeugten, heute klassizistisch gewandeten St.-Lorenz-Kirche ist ihre einstige Stellung als Mutterkirche Hochfrankens nicht anzusehen.

93 Klaussteinkapelle

Jeden Weg zusammen gehen

Wenn Verliebte es wirklich ernst miteinander meinen, ist irgendwann die Zeit gekommen, sich nach einer Hochzeitskirche umzusehen. Sofern die Schar der Gäste überschaubar bleiben soll, folgender Tipp: Der Weg ist euer Ziel! Genauer gesagt jener, den Graf Erwein von Schönborn-Wiesentheid 1829 beiderseits des tief in den Kalkstein der Fränkischen Schweiz eingeschnittenen Ahorntals anlegen ließ. Er wollte seinem Gast – König Ludwig I. – die raue Schönheit der Region zu Füßen legen. Burg Rabenstein ist ein beliebtes Ausflugsziel, der vier Kilometer kurze Traumpfad (Wanderzeichen: die Schachfigur Dame) startet neben ihrem einzigen Zugang.

Nachdem man die Talseite gewechselt, Felsformationen erklommen, den jetzt gegenüberliegenden Adelssitz passiert hat, schiebt sie sich ins Bild. Oben. Direkt auf der Talkante. Die von einem von hier aus nicht sichtbaren Gehöft flankierte Klaussteinkapelle. Sie ist das Einzige, was der Zahn der Zeit von einer weiteren Burg übrig ließ. Einsam. Wuchtig. Magisch platziert. Denn ihre Erbauer wussten, dass sie direkt über einer Höhle thront, in der sich der Mensch vom sechsten Tag der Schöpfung an – der Steinzeit – an religiösen Kulthandlungen versuchte.

Während der Wanderweg direkt zur Sophienhöhle führt, die zugänglich ist, empfiehlt es sich, für die Klaussteinkapelle das Auto zu bemühen. Ein Gitter erlaubt, sie zumindest in Augenschein zu nehmen. 1723 ließ Johann Peter Albrecht von Rabenstein das verfallene Gotteshaus neu herrichten. Der Anlass: die Blattern. In nur einer Woche hatte er seine beiden Söhne zu Grabe tragen müssen. Der Altar ist mit seinem Schmerz getränkt – ein Werk des bedeutendsten Holzbildhauers der Region, Johann Michael Doser. Und doch machen sich jene Heiterkeit und jener Optimismus breit, die für Frankens evangelische Barockkirchen typisch sind. Anders formuliert: »in guten wie in schlechten Zeiten«.

Adresse Klaussteinkapelle, Klausstein 30, 95491 Ahorntal | Öffnungszeiten Sommer täglich 9–17 Uhr, Frühjahr/Herbst täglich 10–17 Uhr (nur ein kleiner vergitterter Vorraum zugänglich), Konfession: evangelisch, Gottesdienst: nur zu besonderen Anlässen | Tipp Die Altäre der Kirche Mariä Himmelfahrt in Neunkirchen am Sand stammen ebenfalls von Johann Michael Doser.

94__Wallfahrtskirche

Wo der Pfarrer Trinkgeld nehmen durfte

Jedes Jahr rückt der Sonntag, der auf den 3. Mai und damit auf einen 1960 gestrichenen kirchlichen Feiertag namens Kreuzauffindung folgt, den ursprünglichen Grund in den Mittelpunkt, aus dem die Menschen seit alters nach Hallerndorf und von dort 50 Höhenmeter weiter auf den Gipfel eines Bergleins pilgern. An diesem Tag ist eine innen wie außen bescheidene Kirche geöffnet, die ein lokaler Herrscher dort 1463 errichten ließ. Als gottgefälligeren Ersatz für ein hölzernes Kapellchen.

Die Anwesenden sind aufgeregt, denn die Choreografie ist leicht durcheinandergeraten. Eine letzte Wallfahrtsgruppe lässt noch auf sich warten. Der Bamberger Bischof hingegen ist schon da. An keinem anderen Ort außerhalb der Domstadt gelingt es ihm und seinen Schäfchen, glaubhafter zu inszenieren, dass ihre Welt noch dieselbe ist. Zu Hochzeiten standen sich bis zu 23 Wallfahrtsgruppen gegenseitig auf den Füßen, wurde die Messe parallel in der Kirche und an einem Außenaltar gelesen. Die Kreuzauffindung erinnert an die Suche der heiligen Helena nach den Leidensorten Jesu in Jerusalem. Ab diesem Tag durften die Bauern ihre neu bestellten Felder segnen lassen. Das Kreuzbergfest machte dank der weiten Aussicht daher für viele doppelt Sinn.

Dass die Massen auch heute strömen, dürfte dem generellen Ruf dieses Orts geschuldet sein. Unterhalb der Kirche schlug man einst vier Stollen in den Fels, die die drei Brauereien aus Hallerndorf (Lieberth, Rittmayer) und Schnaid (jetzt Brauhaus am Kreuzberg) mit Bierfässern füllten. Einer gehörte dem Pfarrer, sicherte ihm einen guten Nebenverdienst. Die anderen drei dienen wie eh und je dazu, jeden, der die 50 Höhenmeter hinter sich gebracht hat, mit einem Seidla Naturgekühltem zu stärken. Täglich und weit über die Sommersaison hinaus. Wodurch auch Nichtgläubige diesen Kreuzberg als eines der attraktivsten Pilgerziele Frankens betrachten.

Adresse Kreuzbergkirche/Wallfahrtskirche Heilig Kreuz, Kreuzberg 1, 91352 Hallerndorf | **Öffnungszeiten** nur zu besonderen Anlässen, Konfession: katholisch, Gottesdienst: Mai–Sept. Di 18.30 Uhr | **Tipp** Im nahen Buttenheim setzte der Bamberger Baumeister Michael Küchel, ein Schüler Balthasar Neumanns, 1757 der Kirche St. Bartholomäus ein bemerkenswert monumentales Gespann aus Freitreppe und Portal vor.

95_Kreuzbergtempel

Der wahre erste Ort des Glaubens

Daran zu glauben, dass im Jahre 686 in Irland ein junger Mann seine Siebensachen packte und sich auf den weiten Weg nach Würzburg machte, heißt noch lange nicht, es zu wissen. Mit wissenschaftlicher Sicherheit beweisen lässt sich noch nicht einmal, dass der Frankenapostel Kilian überhaupt existiert hat.

Eindeutig belegbar hingegen ist, dass der bayerische König Ludwig I. ab 1825 zahlreiche die Kirche und den Glauben betreffende Verbote aufhob. Allerorten nutzten seine lieben Franken die neue Freiheit, um die Tradition der Bruderschaften neu zu beleben – erzkonservative Männerbünde, die es sich zur Aufgabe machten, ihr Umfeld vom Teufelswerk der Aufklärung zu säubern. Im Fall von Hallstadt kann sich das Resultat wahrlich sehen lassen. Es steht auf einem dicht bewaldeten, verwunschenen Bergsporn oberhalb des Nachbarorts Dörfleins. Einfach vom ausgeschilderten Freiluftgasthaus Diller-Keller aus bis zu einem großen Sühnekreuz bergan laufen. Den grandiosen Ausblick auf Bamberg genießen. Ein kurzes Wegstück weiter oben beginnt ein Kreuzweg. Steil führt er zu einem offenen antikisierten Rundtempel hinauf, der ein neobarockes Kruzifix vor dem Regen schützt. Aber bitte: Pssst! Ein echter Geheimtipp.

Unten in Hallstadt befand sich im frühen Mittelalter ein Königshof. Die Hauptkirche des Städtchens ist Kilian geweiht. Aus diesen Tatsachen zog die Bruderschaft damals den messerscharfen Schluss, dass der Ire 686 bis nach Hallstadt und nicht nur nach Würzburg gereist war und dass daher ihr Kreuzberg der Ausgangspunkt der Missionierung Frankens ist. Exakt an jenem Platz, den die Bruderschaft 1839 mit dem Tempelchen markierte, und eben nicht auf dem Kreuzberg in der Rhön legte er das legendäre Gelübde ab: »so weit mein Auge reicht«. Warum nur Eingeweihte davon wissen? Gegen die Kraft des Glaubens kann man mit wissenschaftlich belegten Fakten nun einmal nicht viel ausrichten.

Adresse vom Wanderparkplatz an der Mainleite in 96103 Hallstadt-Dörfleins zu Fuß zum Diller-Keller, die Laufrichtung beibehalten, bis der Gipfel des Kreuzbergs erreicht ist | **Öffnungszeiten** jederzeit frei zugänglich, Konfession: katholisch, Gottesdienst: an Karfreitag Prozessionsbetrieb | **Tipp** Vom Kreuzbergtempel führt ein Wanderweg zu einer mitten im Wald versteckten Kapellenruine. Der schon von den Kelten genutzte heilige Ort wurde aufgegeben, als seine wundertätige Quelle versiegte.

96__St. Michael

Altes Glump von unschätzbarem Wert

Hof. Münchberg. Wunsiedel. Im evangelisch geprägten Nordosten Frankens ziemt es sich nicht, dem heiligen Florian zu huldigen. Aber ebenso wenig ziemt es sich, dies in Zusammenhang mit der Tatsache setzen zu wollen, dass dort die Liste an Orten kein Ende nimmt, die ein Stadtbrand fast von der Erde getilgt hätte. Mischt man sich unter die Ausflügler, die es wie magisch in das unscheinbare Lindenhardt am Ostrand der Fränkischen Schweiz zieht, nie käme man auf die Idee, dass auch dieses Dorf und mit ihm seine Kirche einst zu Asche wurde. Zu üppig ist die kleine gotische Halle mit uralter Kunst gesegnet, die ein Feuer nicht überstanden hätte.

Zu einem Sehnsuchtsort der Bildungsbürger wurde Lindenhardt, als ein Kunsthistoriker 1926 nachwies, dass die beiden Gemälde des Hauptaltars von niemand Geringerem stammen als Matthias Grünewald. Die Entdeckung kam genau zur richtigen Zeit. Denn 1921 war mit dem Elsass auch der Isenheimer Altar für Deutschland verloren gegangen, das Hauptwerk des um 1480 geborenen Malergenies. Was dank des Lindenhardter Altars doch leichter zu verschmerzen war.

1665 hatten sie in Bindlach, einem mit Wohlstand gesegneten Dorf nördlich von Bayreuth, den Schmerzensmann, vor allem aber das zweite Gemälde, die für ein evangelisches Gotteshaus wenig schicklichen 14 Nothelfer, nicht mehr sehen können. Der alte, 1503 aufgestellte Altar wurde durch einen zeitgemäßen ersetzt. 1684 reduzierte die erwähnte Feuersbrunst Lindenhardt auf nur noch fünf Häuser. Ein Spendenaufruf ging durchs Land – eine Chance für die Bindlacher, ihr altes Glump in Pluspunkte vor Gott einzutauschen. Und die Lindenhardter? Sie stellten das Geschenk verkehrt herum auf. Die Gemälde wurden zur Rück-, drei mitgelieferte Reliefs zur Schauseite. Wie sich herausstellte: Auch die Schnitzereien sind Top-Meisterwerke! Von Michael Wohlgemut, dem Lehrer Albrecht Dürers.

Adresse St. Michael, An der Kirche 11, 95473 Creußen-Lindenhardt, www.kirchengemeinde-lindenhardt.de | Öffnungszeiten Winterhalbjahr täglich 11–15 Uhr, Sommerhalbjahr täglich 11–17 Uhr, Konfession: evangelisch, Gottesdienst: So 9 Uhr | Tipp Im Raum Bayreuth, so heißt es, besitzt keine Kirche mehr Engel als St. Jakobus in Creußen. Da sich ihre Sanierung hinziehen könnte: Bitte informieren Sie sich vor einem Besuch, ob sie wieder zugänglich ist.

97__Mariä Heimsuchung

Eisenketten lügen nicht

Frankenwald. 11. Jahrhundert. Das eben gegründete Bistum Bamberg bemüht sich redlich, seiner nicht ganz einfachen Bestimmung nachzukommen, den Nordosten von Franken zu erschließen. Wie genau Bambergs Conquistadoren den Ureinwohnern den christlichen Glauben aufzwangen, liegt im Dunkel der Geschichte. Es darf aber davon ausgegangen werden, dass der Hügel von Marienweiher, auf den die Eindringlinge eine Kirche stellten, ein uralter Ritualplatz war. Heidnische Kultorte mit einer Taufkapelle zu überbauen war das übliche Vorgehen. Eine Machtdemonstration, die klarstellte, wer hier von jetzt an das Sagen hatte.

Marienweiher ist so klein, dass sich die über dem Dörfchen thronende Kirche von ganz allein findet. Ihr zu Füßen Buden, an denen an Wallfahrtstagen Devotionalien feilgeboten werden. In über 70 Pfarrgemeinden ist es noch heute üblich, einmal im Jahr zu Ehren der Muttergottes nach Marienweiher zu wallfahren. Ihre heutige Gestalt erhielt die 1198 erstmals urkundlich dokumentierte Kirche, die mehrfach umgebaut wurde, im 18. Jahrhundert. Die Grotte mit der weiß-blau gewandeten Madonna, eine Kopie des Quellenwunders von Lourdes, wurde 1897 in die Fassade eingefügt.

Der barocke Innenraum ist auf eine in den Hochaltar integrierte Gnadenfigur hin ausgerichtet. Ein fahrender Händler, so die Legende, stiftete sie um 1120. Hier, in Marienweiher, war er in einem Wirtshaus auf Räuber getroffen. Anstatt sein Hab und Gut im Tausch für sein Leben anzubieten, betete er zu Maria. Worauf die bösen Buben abzogen. Wunder Nummer zwei datiert ins 16. Jahrhundert. Ein aus dem nahen Marktleugast stammender Soldat, der in den Türkenkriegen den Muslimen in die Hände gefallen war, erinnerte sich am Abend vor seiner Hinrichtung an die Gnadenfigur, betete zu ihr. Statt in seiner Zelle wachte er vor dem Hochaltar auf. Da er mit Ketten gefesselt war, konnten es alle bezeugen.

Adresse Basilika Mariä Heimsuchung, Marienweiher 3, 95352 Marktleugast-Marienweiher, www.basilika-marienweiher.de | **Öffnungszeiten** täglich tagsüber frei zugänglich, Konfession: katholisch, Gottesdienst: Mo–Sa 18.30 Uhr, So 8 und 10.30 Uhr | **Tipp** Die Marienstatue der ehemaligen Wallfahrtskirche von Glosberg, einem Ortsteil von Kronach, weinte 1727 dreimal hintereinander blutige Tränen.

98 Dreifaltigkeitskirche

Musterbeispiel mit Aberglaube im Altar

Wer sich auf Kirchenfahrt durch das oberfränkische Markgrafenland begibt, wird sich mit exakt demselben Wirkungsgrad entspannen, den sich die Daheimgebliebenen aus dem geliebten Sudoku ziehen. Denn was für das Zahlenrätsel gilt, trifft auch auf das regionaltypische architektonische Programm des 18. Jahrhunderts zu. Sobald man das Schema verstanden hat, sind Überraschungen ausgeschlossen. Kirchenbau im Einheitsstil.

1752. Der markgräfliche Berater Philipp Andreas Reichsgraf von Ellrodt beginnt, ein Dorf im Hinterland von Kulmbach zu seiner Familienresidenz auszubauen. Wie so viele Gotteshäuser der Region, zeigt auch dessen 1485 geweihte Kirche deutliche Verfallserscheinungen. Schon der Repräsentation wegen steht außer Frage, sie durch ein steinernes Bekenntnis zur lutherischen Konfession zu ersetzen. In 20 Jahren Bauzeit entsteht ein Paradebeispiel, eine mustergültige Umsetzung des sogenannten Markgrafenstils.

Große, schlanke Fenster prägen die Fassade. Das Äußere: schmucklos. Mit Ausnahme des markgräflichen Wappens über dem Eingang. Innen ein Meer an Licht. Eine zweistöckige Empore, die sich bis ganz nach vorne zum Altar erstreckt. Mit einer separaten Loge für den Schlossherrn. Nur sie und die Decke sind dekoriert. Sowie natürlich der vordere Bereich mit dem Taufbecken, dem Altartisch und einem großen, mit einem Heer an Figuren bestückten Wandaltar, in den eine Kanzel integriert ist. Letzterer belegt augenfällig, dass in beinahe jeder Markgrafenkirche die Unsicherheit der hohen Herren mitschwingt, wie weit man sich der Sturheit der einfachen Leute beugen sollte. Im Volk war es üblich, zur Sicherheit weiterhin auch die katholischen Heiligen um Beistand zu bitten. In Neudrossenfeld ist das visuelle Zentrum der neuen Kirche auch deshalb ein Puzzle aus den Altären der alten. St. Laurentius, Schutzpatron des Herds und der Feuerstellen, bitte für uns.

Adresse Heilige Dreifaltigkeitskirche, Schloßplatz 1, 95512 Neudrossenfeld, www.kirche-neudrossenfeld.de | Öffnungszeiten April–Okt. täglich 10–19 Uhr, Nov.–März täglich 10–16 Uhr, Konfession: evangelisch, Gottesdienst: So 9.30 Uhr | Tipp Derselbe Kirchentypus ist auch im ehemaligen Markgrafentum Ansbach weit verbreitet, lohnenswerte Beispiele: St. Johannes in Castell, St. Lambertus in Eyb und St. Margaretha in Rügland.

99 Penzenreuther Kapelle

Von der Ohnmacht, davongekommen zu sein

Bitte packen Sie, bevor Sie weiterlesen, einen Picknickkorb, sammeln Sie dann Ihre Lieben ein und machen Sie das Auto startklar. Stimmt doch, dass der Wetterbericht einen Traumsommertag angekündigt hat? Prima! Dann geht es jetzt hinaus aufs Land. Dorthin, wo niemand mit absoluter Gewissheit sagen kann, ob wir nicht doch schon drüben bei den Moosbüffeln sind. In eine Region, die – in Franken nicht üblich, in der Oberpfalz Tradition – mit Kapellen übersät ist, den von der großen Geschichtsschreibung sträflich ignorierten Zeugnissen bäuerlicher Ohnmacht und Frömmigkeit, mit deren Bau stets ein Gelübde erfüllt wurde.

Autobahn A 9, Ausfahrt Pegnitz. Dem Navi danken. Das Ziel, der 39 Einwohner kleine Weiler Penzenreuth, ist nicht ausgeschildert. Erst Mitte der 1950er wurde er an das Straßennetz angeschlossen. Bis dahin war ein Ochsenfuhrwerk das größte Fahrzeug, mit dem man ihn erreichen konnte. Hilfe von außen war daher nicht zu erwarten, als 1795 ein Feuer alle Gebäude in Asche verwandelte. Nur nicht den Hof der Familie Kraus.

Im Ortskern: Richtung Nasnitz rechts abbiegen. Während des Anstiegs auf einen Bergrücken, den Breitenstein, rechts in einen Flurweg abbiegen. Die Kinder erkennen sofort das hohe Spielpotenzial einer Wiese, die Älteren sind wie betäubt von der Aussicht. Maria zum Dank, die ihre Stoßgebete erhört hatte, wählten die Kraus' für ihre Kapelle den schönsten Ort, den man sich nur vorstellen kann. Bis zu den Gipfeln des Böhmerwalds, der Grenze zu Tschechien, reicht der Blick. Und das da ganz weit in der Ferne, das kann doch nur Nürnberg sein. 200 Jahre alte, schattenspendende Bäume schützen ein winziges, zum Dorf hin offenes Gotteshaus. Innen die Replik des Gnadenbilds aus der Amberger Bergkirche; eine Kerze, die brennt und dadurch verrät, dass dieses Kleinod des Glaubens täglich besucht und gepflegt wird.

Adresse etwa 150 Meter südlich des Weilers Penzenreuth bei 91257 Pegnitz auf dem Berg Breitenstein | Öffnungszeiten rund um die Uhr frei zugänglich, Konfession: katholisch, Gottesdienst: nur zu besonderen Anlässen | Tipp Wer verwunschene Orte mag, sollte sich auf die Suche nach der Waldkapelle Heinersreuth machen. Ihr Name verrät die Lage: mitten im Wald etwa 500 Meter südlich des nahen Dorfs Heinersreuth.

100_Pfarrkirche

In aller Armut reich geworden

Woran liegt es, dass der Allmächtige nicht alle Ecken Frankens gleich gut ausgestattet hat? Vielleicht daran, dass er eine Wolke einatmete und es ihn in der Nase juckte. Oder dass ihn ein Felssporn in den Fuß pikste. Generation für Generation mussten sich die Pilgramsreuther neu entscheiden: ihre Armut als gottgegeben akzeptieren oder einen scharfen Geschäftssinn entwickeln. Der Bamberger Bischof hatte ihre Ahnen im 12. Jahrhundert ins noch unbewohnte Vogtland geschickt, um dort für ihn ein Dorf zu gründen.

Dass Fremde um ihre Kirche herumschleichen – die Pilgramsreuther sind es gewohnt. Stets wird der Tageseingang gesucht, denn Kunsthistoriker schwärmen von einem Geheimtipp erster Güte. Über eine Nebentüre gelangt man auf eine Empore hinauf. Sie wurde um 1697 für die vogtländische Adelsfamilie der von Beulwitz eingezogen. Für nicht ganz günstige 55 Gulden verkauften sie die Pirkenreuther an den Nachbarort, für dessen Gläubige sie bis heute reserviert ist. Das Schiff und der Chor: gotisch. Ab 1520 passte man die Ausstattung an die evangelisch-lutherischen Konventionen an. Raumprägend: die streng nach Stand und Geschlecht unterteilte, über drei Stockwerke organisierte Sitzordnung. Frauen saßen 30 Zentimeter tiefer. Das separat platzierte Pfarrergestühl ist überdacht.

Das Miteinander von mittelalterlichen Fresken und dem Gestaltungsdrang des Barocks: atmosphärisch überwältigend. In einer Nische neben der Kanzel eine Statue der Maria mit dem Jesuskind. Wundertätig. Man wollte halt nicht auf das Geld verzichten, das Wallfahrer aus dem seit 1621 wieder romtreuen Böhmen ins Dorf trugen. Kunsthistorikern gefällt vor allem der verspielte Altar von 1710, wie die Kanzel ein Meisterstück des markgräflichen Hofbildhauers Elias Räntz. Hinter dem Gotteshaus steht ein Denkmal, das an den Bauern Hans Rogler erinnert, der 1647 in Pilgramsreuth Kartoffeln anpflanzte – als Erster in Deutschland.

Adresse Pfarrkirche Pilgramsreuth, Pilgramsreuther Straße 12, 95111 Rehau-Pilgramsreuth | Öffnungszeiten Seiteneingang zur Fohrenreuther Empore täglich 10–18 Uhr, Konfession: evangelisch, Gottesdienst: So 9 Uhr | Tipp In der überbordend dekorierten St.-Aegidien-Kirche im nahen Regnitzlosau erzählen allein an der Decke 105 Gemälde Geschichten aus dem Neuen Testament.

101__Vexierkapelle

Wo einfach nur die Seele baumelt

Zigtausend Mal dürfte eine bestimmte Frage jeden Sommersonntag gestellt und im selben Atemzug mit einem Vorsatz beantwortet werden. Auf den Beifahrersitzen der Autos, die sich Stoßstange an Stoßstange durch das westliche Einfallstor der Fränkischen Schweiz schieben. Die Frage: »Du, Schatz, weißt du, was das da oben ist? … Da müssen wir mal hin.« Immer bezieht sie sich auf denselben Punkt in der Ferne. Es könnte ein Gebäude sein, aber auch eine optische Täuschung. Jedem, der zwischen Forchheim und Ebermannstadt im weiten Tal der Wiesent unterwegs ist, sticht es ins Auge. Aber von überall sieht es anders aus. Irritierend, will man meinen. Vexierend, hätten unsere Urgroßeltern gesagt. Daher also der Name: Vexierkapelle.

Unzählige Wanderwege führen zu der an sich unspektakulären, oberhalb des 180 Einwohner kleinen Bauerndorfs Reifenberg gelegenen Kirche hinauf. Alle haben es in sich. Minimale Höhendifferenz: 200 Meter. Bei der Anfahrt mit dem Auto ist garantiert, auf einer Straße, die für nur einen SUV bereits zu schmal ist, auf einen Traktor zu treffen. Da jeder weiß, dass das zwischen Parkplatz und Kirchlein gelegene, legendäre, weit über 100 Jahre alte Freiluftgasthaus Reifenberger Keller seit ein paar Jahren brachliegt, haben alle ein Picknick dabei. Kräftezehrende 150 Meter. Dann ein Wow: Diese fulminante Aussicht und das Mikroklima, dank dem sich ein kühler Frühjahrs- wie ein lauer Sommerabend anfühlt.

Südhang. Die Mauern der an ein dreigliedriges Insekt erinnernden Kirche geben ihre nachmittags gespeicherte Wärme ab. Dass ihre Tür verschlossen ist, sie dem heiligen Nikolaus geweiht ist, sie auf eine um 1430 zerstörte Burg zurückgeht – wen interessiert es? In der Ferne Pretzfeld. Daneben Kirchehrenbach. Das Walberla. Der Himmel glutrot. Ein Feuerball, der in einem gefühlt zweistündigen Spektakel hinter einem der vielen heiligen Berge der Franken versinkt.

Adresse Vexierkapelle / St. Nikolaus, Reifenberg 7, 91365 Weilersbach-Reifenberg | **Öffnungszeiten** dauerhaft geschlossen, Konfession: katholisch, Gottesdienst: selten, siehe www.pfarrei-kirchehrenbach.kirche-bamberg.de | **Tipp** Auf dem Gipfelplateau des Walberla steht seit Urzeiten eine Kapelle. Sie ist der Anlass, dass dort am ersten Sonntag im Mai Tausende zusammenkommen, um das Walbala-Fest zu feiern.

102 St. Konrad

Gottes Haus kann alles sein

Um Ostern herum kommt es öfters vor, dass auch Ausflügler den Blinker setzen, wenn an der Bundesstraße 470 kurz vor Ebermannstadt die Abzweigung nach Rüssenbach auftaucht. Das übrige Jahr ist das 250 Einwohner kleine Dorf sich selbst überlassen. Jetzt aber ziehen seine drei für die Fränkische Schweiz so typischen Osterbrunnen Horden von Städtern an. Dazu dieser beiderseits von einer Straße flankierte Bach, der den Ort in zwei Hälften schneidet. Oh, wie entzückend! Die breiten Asphaltstreifen: ein Sicherheitspuffer.

Rückblende. Irgendwann anno dazumal. Der Jakobustag ist da (25. Juni). Auf der einen Dorfseite machen sie sich fein, um es sich bei der Kirchweih gut gehen zu lassen. Auf der anderen: Ein großes Gefluche, weil man schuften muss. Dasselbe am ersten Oktoberwochenende. Mit vertauschten Rollen. Denn die Bewohner der einen Seite sind nach Niedermirsberg eingepfarrt, dem Nachbardorf im Norden. Die der anderen hingegen ins südlich gelegene Pretzfeld. Ein Dorf. Eine Konfession. Und dennoch Feindschaft statt Gemeinschaft.

Die Rüssenheimer sahen nicht ein, warum sie dieses Problem nicht ausgerechnet in der NS-Zeit lösen sollten – auch wenn das Böse in Gestalt Adolf Hitlers das Gebot ausgegeben hatte: Du sollst keine anderen Götter haben neben mir. Mit einer geradezu anarchischen Dreistigkeit, die sie, wie jeder wusste, auch ins KZ hätte bringen können. Während sich ihre Bischöfe wegduckten. 1941 stiftete einer von ihnen ein Grundstück. Da hatte die NS-Diktatur bereits ein Kirchenbauverbot erlassen. Stellten die Rüssenbacher halt einen Antrag zum Bau einer Maschinen- und Gerätehalle. Geweiht werden konnte das 1942 hochgemauerte Zeugnis bäuerlichen Widerstands allerdings erst am 5. Mai 1946. Seither macht kein Rüssenbacher mehr auch nur einen Finger krumm, wenn am zweiten Sonntag im Mai Kerwa gefeiert wird. Ungemein beeindruckend: das demütig spröde Kircheninnere.

Adresse St. Konrad, Hirtengasse, 91320 Ebermannstadt-Rüssenbach, www.st-nikolaus-ebermannstadt.de | Öffnungszeiten täglich tagsüber frei zugänglich, Konfession: katholisch, Gottesdienst: siehe Website | Tipp Die aus dem 14. Jahrhundert stammende Marienkapelle in Ebermannstadt fasziniert mit einer bemalten Renaissance-Holzdecke, präsentiert sich im Inneren insgesamt aber als barockes Glaubensfest.

103 St. Johannis

Bilderbuchidyll mit einem Hauch von früher

Bis 1939 ein eigenes Dorf, ist der Bayreuther Außenstadtteil St. Johannis zu jeder Zeit akut gefährdet, in jene Isolation zurückzufallen, die ein Provinzidyll von einer weltzugewandten Schaltzentrale des Kommerzes und der Kultur unterscheidet. Denn das von 1.200 Seelen bewohnte Habitat ist lediglich über zwei Straßen an das Zentrum angebunden. Sie unterqueren den Todesstreifen, der die Stadt in Ost und West aufspaltet, die Autobahn A 9. Permanent scheint man für den Tag X zu üben. Und das ist gut so!

Die ruhige Atmosphäre korrespondiert aufs Genialste mit der Aura, die von der Kirche von St. Johannis ausgeht. Der Einfachheit halber heißt sie wie der Ort. Sie wurde wohl bereits im 12. Jahrhundert gegründet, 300 Jahre später überbaut und 1741 noch einmal fast vollständig im Geist der Zeit überarbeitet. Wer die Begriffe Filmkulisse, Bilderbuch und Astrid Lindgren in freier Assoziation mit dem für die Region so typischen Markgrafenstil zu verknüpfen vermag, in den Adjektiven feierlich und puristisch keinen Widerspruch erkennt und ein Faible für die Lebensschauplätze der kleinen Leute mitbringt, der wird dem heimelig engen, von einem Sprössling der Bayreuther Kirchenbaudynastie Räntz geschaffenen Gesamtkunstwerk mit Sicherheit eines zugestehen: einen der vordersten Plätze auf der Liste seiner persönlichen Highlights.

Wichtig: Den Kanzelaltar genau in Augenschein nehmen! Denn durch den Vorhangspalt, durch den sich der Prediger zur Gemeinde hinausschiebt, drängt sich auch die Erinnerung an jene alte Weltordnung in den Betsaal hinein, an die zu glauben man dem Volk verbot – auch dahingehend, dass man ihm 1797 seine gut 40 Feiertage radikal zusammenstrich. Was fast zu einem Aufstand geführt hätte. Mit dem Chor der mittelalterlichen Wehrkirche blieben dessen Deckenfresken erhalten. Vielleicht aber auch nur, weil ihr Motiv zutiefst protestantisch ist: die Evangelisten.

Adresse St. Johannis, Altentrebgastplatz 4, 95448 Bayreuth, www.stjohannis-bayreuth.de | Öffnungszeiten täglich April–Okt. 9–18 Uhr, Nov.–Mai 9–16 Uhr, Konfession: evangelisch, Gottesdienst: So 9.15 Uhr | Tipp Ebenfalls eine Augenweide im Markgrafenstil: St. Michael in Weidenberg.

104__Schmerzhafte Dreifaltigkeit

Für vornehme Damen gebaut

Neun Monate braucht man sie als Gefäß. Und dann? Kommt darauf an, was einstweilen in diesem heranreifte. »Die größte Ehre, die das Weib hat, ist allzumal, dass die Männer durch sie geboren werden.« Martin Luther, von dem diese Worte stammen, war halt doch ganz ein Kind seiner Zeit.

Eine Tochter, das war im Mittelalter und weit darüber hinaus ein herber Verlust. Materiell betrachtet. Eberhard II. von Schlüsselberg, Vorstand einer fränkischen Adelsfamilie, die den Bamberger Bischöfen bis zu ihrem Aussterben 1347 noch reichlich Ärger bescheren sollte, dürfte nicht der Erste gewesen sein, der ihn durchkalkulierte. Er rechnete die Mitgift, die die finanziellen Verhältnisse zugunsten eines anderen Rittergeschlechts verschob, gegen die Gründung eines Klosters auf, das Jungfern aus ehrenwertem Haus ein sicheres Auskommen, seiner Tochter Gisela die Position einer Äbtissin und nachgeborenen weiblichen Mitgliedern seiner Sippe die Option auf ihre Nachfolge bot. Da ihm Zweites deutlich günstiger erschien, stiftete er um 1280 eine Filiale der Zisterzienserinnen.

Das mit der Sensibilität eines Bilderbuchillustrators ins hügelige Bauernland des östlichen Steigerwalds eingepasste, zugleich morbide und gepflegte Kloster Schlüsselau strahlt eine frappierend naive Zufriedenheit mit sich selbst aus. Allerdings stammen der heutige Konvent und die Kirche aus einer Zeit, in der die Nonnen bereits Geschichte waren. Als der neue Eigentümer, das Bistum Bamberg, beide Gebäude 1603 neu bauen ließ, schnitt er sie auf die Bauerntölpel der Umgebung und auf Wallfahrer zu. Nur ein Schiff. Eng und schmal. Vom Ursprungsbau blieben nur der Chor und die Grabplatte Eberhards erhalten. Der einzigartige Charme eines bunten Sammelsuriums, bei dem kein Detail zum anderen passt.

Adresse ehemalige Klosterkirche / Wallfahrtskirche Schmerzhafte Dreifaltigkeit, Schlüsselau 2a, 96158 Frensdorf-Schlüsselau | Öffnungszeiten täglich 9–17 Uhr, Konfession: katholisch, Gottesdienst: unregelmäßig, siehe www.pfarrei-frensdorf.de | Tipp Die ersten Nonnen kamen aus dem Kloster des gleichnamigen Stadtteils von Haßfurt, Mariaburghausen, nach Schlüsselau. Trotz zahlreicher Umbauten konnte die dortige Klosterkirche ihr mittelalterliches Ambiente weitgehend bewahren.

105__Kapelle St. Georg

Marktplatz der Kampfhähne

Obwohl der ein gutes Stück hinter dem Zwei-Brauereien-Paradies Buttenheim auf einem Ausläufer der Fränkischen Schweiz versteckte Felsenkeller Senftenberg mit Sicherheit eines der schönsten Freiluftwirtshäuser in Franken ist, zu den berühmtesten zählt er nicht. Liegt es an seiner abgeschiedenen Lage? Dem kurzen, aber krass steilen Weg, der vom Parkplatz zum Seidla führt? Nein! Zur Zeit unserer Urururur-Großeltern hat sich der Senftenberg einen derart schlechten Ruf eingehandelt, dass man sich in nicht wenigen Orten bis heute gezwungen sieht, seine bloße Existenz durch kollektives Verschweigen zu negieren.

Vor dem Eingang ins Freiluftwirtshaus zweigt ein Trampelpfad ab, der auf einen Bergsporn mit einer weithin sichtbaren barocken Kapelle führt. Sie geht auf die ältere von zwei Burgen zurück, die sich hier oben mal freundlich, mal feindlich gegenüberstanden, und ist dem heiligen Georg geweiht, dem Nothelfer gegen Fieberkrankheiten bei Mensch und Tier und dem Schutzpatron der Pferde und ihrer Besitzer. Ende des 16. Jahrhunderts wurde es üblich, die Ruine zu durchreiten und um ein Wunder zu bitten. Eine enorm hohe Erfolgsquote zog den Bau des heutigen Gotteshauses und am Georgstag (23. April) einen ausufernden Wallfahrtsbetrieb nach sich, den ein Markt und ein temporäres Wirtshaus vervollständigten. Jahr für Jahr dasselbe: Junge Bauernbuam bezogen Prügel. Von denen aus dem Nachbardorf. Die Zigarettenbürscherl betrachteten es als ausgemacht, sich im nächsten Jahr zu rächen. 1753 stellte Geisfeld deshalb seine Georgswallfahrt ein. 1848 gingen zwei Kontrahenten derart derb aufeinander los, dass einer tot zusammensackte. Wallfahrtsverbot. Jetzt aber für alle.

… das 1951 wieder aufgehoben wurde. Seither zieht jedes Jahr am ersten Sonntag nach Georgi eine Pferdeprozession auf den Senftenberg hinauf. Ruhig, geordnet und mit ausschließlich friedlichen Absichten.

Adresse Kapelle St. Georg, Zum Senftenberg, 96155 Buttenheim-Senftenberg (eingeschränkte Parkmöglichkeiten, deshalb den Schildern zum Parkplatz folgen) | **Öffnungszeiten** nur zum Georgiritt (1. So nach dem 23. April) geöffnet, Konfession: katholisch, Gottesdienst: wie Öffnungszeiten | **Tipp** Die Kirche St. Margarethe des im Süden der Fränkischen Schweiz gelegenen Regensberg überrascht mit einem kuriosen Nothelfer-Altar. Die 14 Heiligen sitzen wie Vögel auf den Ästen eines Baums.

106_St.-Aldegundis-Kapelle

Auferstehung mit heidnischem Unterbau

Hartnäckig kursiert er unter jenen, die der Institution Kirche ablehnend gegenüberstehen. Der Vorwurf, jene Eiferer, die das Christentum nach Franken brachten, hätten mit ihren Gotteshäusern bevorzugt Tempel überbaut, in denen sich das Volk lieber weiterhin an uralten keltischen Ritualen erfreut hätte. Das stimmt – wurde aber auch noch nie bestritten.

Im Fall des Paradebeispiels, des Staffelbergs, einem Gipfelplateau des Oberen Maintals, zeigt sich freilich auch, dass mit der Aneignung eines Ortes nicht automatisch auch dessen Traditionen gekappt wurden. Man weiß nicht, wann auf dem seit der Jungsteinzeit besiedelten Areal zum ersten Mal das dreitägige heidnische Frühlingsfest, die Wiederauferstehung der Fruchtbarkeit, zelebriert wurde. Aber es ist bekannt, dass es sich zum ebenfalls dreitägigen Ostern wandelte, bei dem man – welch ein Zufall! – ebenfalls eine Auferstehung bejubelt. Der Wandel geschah, als das alte Heiligtum um 800 eine erste Kapelle übergestülpt bekam. Im 17. Jahrhundert wurde sie letztmals erneuert.

Jetzt stellte man ihr eine Einsiedelei zur Seite, das heutige Wirtshaus. Jakob Heß hieß der zweite Eremit, der sich auf Gedeih und Verderb den Spenden der Pilger auslieferte. Am Karfreitag 1751 präsentierte er ihnen erstmals ein Schaubild Jerusalems, vor dem Figuren, die sich wie von Geisterhand bewegten, in Echtzeit den Leidensweg, den Tod und die Auferstehung Jesu nacherzählten. Schon vor der Säkularisation in Ungnade gefallen, zieht dieses Wunderwerk der Mechanik seit den 1970ern die Gläubigen wieder in seinen Bann. Hunderte steigen seither wieder in der Nacht auf Karfreitag auf den Berggipfel, um am Morgen das erste Szenenbild mitzuerleben. Tausende folgen, bis am Ostersonntag das Grab leer und das Figurenspiel beendet ist. Wohingegen es etliche weitere Tausend einfach nur als eine schöne alte Gewohnheit betrachten, sich an Ostern 125 Höhenmeter bergan zu quälen.

Adresse auf dem Gipfelplateau des Staffelbergs; nur zu Fuß erreichbar, der kürzeste Weg startet in 96231 Romansthal | Öffnungszeiten Karfreitag bis einen Monat nach Ostern Mo, Mi–So 10–19 Uhr, Konfession: katholisch, Gottesdienst: Karfreitag 9 Uhr | Tipp Die Kapelle auf dem benachbarten Veitsberg gehörte ursprünglich zu einer Burg, die im 14. Jahrhundert aufgegeben wurde.

107__St.-Laurentius-Kirche

Die Eleganz eines neuen Selbstgefühls

1524. Die von immer höheren Steuern geknechtete Landbevölkerung bricht die Bauernkriege vom Zaun. Für den Reformator Thomas Müntzer ist es alternativlos, sich auf ihre Seite zu stellen. Schule machen aber wird ein anderer. Dessen Position: Die Landesherren sollen sie »zerschmeißen, würgen und stechen, heimlich und öffentlich, wer da kann, wie man einen tollen Hund totschlagen muss!«.

Böse Zungen behaupten, dass Martin Luther generell den Herrschenden nach dem Maul geredet hat. Sonst hätte er dem Regenten des 16 Kilometer vor Bayreuth gelegenen Marktfleckens Thurnau nicht die Befugnisse eines Bischofs in Aussicht gestellt. Wie allen Landesherren. Quasi als Entschädigung. Auch in Thurnau machte der Pöbel das Schloss zu Kleinholz. Schon 1546 wurde dort die Reformation eingeführt. Obwohl erst gut 150 Jahre später errichtet, dürfte keine Kirche den Schulterschluss der neuen Theologie und des neuen Selbstverständnisses von Herrschaft so einprägsam verkörpern wie das barocke Raumwunder St. Laurentius. Ein Detail, das sofort ins Auge springt, macht es nicht ganz leicht, seine Eleganz gebührend zu genießen. Neben der Kirche: die wuchtige, nach dem Wiederaufbau von 1526 mehrmals um ganze Trakte erweiterte Residenz eines Kleinstaats, der bis 1796 bestand. Dazwischen: die Hauptdurchgangsstraße. 1706 wurde sie mit einem überdachten Gang überbrückt. Er ermöglichte den Schlossbewohnern den direkten Zugang in eine separate zweistöckige Loge. Dieser Raum im Raum fiel entschieden größer aus und ist zudem deutlich reicher mit Schnitzereien und Blattgold dekoriert als der ebenfalls vom Bayreuther Meisterbildhauer Elias Räntz geschaffene Hauptaltar.

Ein faszinierend kunstvolles, zugleich aber verstörendes Zeitdokument, das ein Gefühl dafür vermittelt, wie hemmungslos die adeligen Parteigänger Luthers dessen Idee vom Fürsten als Schutzherrn des Glaubens instrumentalisierten.

Adresse St.-Laurentius-Kirche, Kirchplatz 1, 95349 Thurnau, www.kirchengemeinde-thurnau.de | **Öffnungszeiten** täglich 9–17 Uhr, Konfession: evangelisch, Gottesdienst: So 10 Uhr | **Tipp** Ein wahres Fest für die Augen ist auch die verspielt ausgestaltete Friedenskirche im Thurnauer Ortsteil Berndorf.

108__Wallfahrtskirche St. Anna

Geburtshelferin von Frankens tollstem Fest

Die Kollateralschäden, die die Coronapandemie langfristig hinterlassen wird, lassen sich nur bedingt abschätzen. Für den Pflichttermin Nummer eins des fränkischen Bierkalenders, das Forchheimer Annafest, gehen plausibel berechnete Prognosen aber davon aus, dass sich der Zuspruch wieder bei 500.000 Durstigen einpendeln wird. Die Wurzeln des alljährlichen Massengelages liegen im späten 16. Jahrhundert. Um ein Zeichen gegen den Protestantismus zu setzen, gelobten die Forchheimer, alljährlich am Patronatstag der heiligen Anna, der Mutter Marias, eine Wallfahrt ins keine acht Kilometer entfernte Dörfchen Unterweilersbach zu absolvieren.

Das kräftezehrende Glaubensbekenntnis wollte natürlich umgehend belohnt sein. Auf dem Rückweg machte der Zug der frommen Leute deshalb einen kleinen Umweg. Schon damals war die letzte Erhebung vor der Stadt, der Forchheimer Annaberg, von so vielen Lagerkellern durchzogen, wie ein Schweizer Käse Löcher hat. 23 der einst 24 unterirdischen Kühllabyrinthe werden um den 26. Juli für zehn Tage zu Freiluftwirtshäusern, 13 sind es den ganzen Sommer über.

Ortswechsel. Unterweilersbach. Keine Devotionalienstände. Keine Souvenirs. Man sieht es der einen kurzen, aber steilen Anstieg oberhalb des Wiesenttals platzierten Kirche St. Anna nicht an, dass sie sich – nach einer Flaute in den 1970er/80er Jahren – auch dank der Strahlkraft des Annafestes wahrlich nicht über einen Mangel an Wallfahrern beschweren kann. Trotz des mit einem Gnadenbild und einer Reliquie der heiligen Anna verknüpften Versprechens einer problemfreien Schwangerschaft und Geburt wird sie allerdings zunehmend von rein männlichen Gruppen angelaufen. 1972 wurde an den Barockbau ein großzügiger, höhlenartiger Anbau angefügt. Die Anna- und weitere Reliquien befinden sich im Übergang von Neu zu Alt. Eine äußerst gelungene Symbiose von moderner Architektur und historischer Substanz.

Adresse Wallfahrtskirche St. Anna, Annaberg, 91365 Weilersbach-Unterweilersbach, www.kirchehrenbach-weilersbach.kirche-bamberg.de | Öffnungszeiten täglich tagsüber frei zugänglich, Konfession: katholisch, Gottesdienst: Di 18.30 Uhr, So 9 Uhr, weitere siehe Website | Tipp In Forchheims Hauptkirche St. Martin vereinen sich romanische und gotische Strukturen mit barocken Gestaltungselementen.

109_Wallfahrtsbasilika

Vorsicht mit kleinen Kindern!

Stellt man, wie es die Verkehrsschilder wollen, sein Auto auf einem der Großparkplätze ab, wird man die bedeutendste Wallfahrtsstätte des Bistums Bamberg ganz automatisch gebeugt und mit Demut betreten. Die letzten Meter hinauf nach Vierzehnheiligen sind so steil, dass die sterbliche Hülle nach Luft japst. Dann verlangt das massige Barockgemäuer auch noch, es zu umrunden. Rechts ein erstes Wirtshaus. Dann eine ganze Straße aus Devotionalienständen. Noch weiter oberhalb, geduldig wartend: die flüssige Seite vom Paradies. Die Klosterbrauerei, in deren Gaststube vor Ostern Frankens bester dunkler Fastenbock am Hahn liegt. Erst einmal aber heißt es: links um die Kirche herum. Am Kloster vorbei. Berauschend: der Blick übers Maintal. Schauen und genießen, bis sich der Puls gefangen hat. Eintreten.

1772 vollendet, irritiert, dass der Architekt Balthasar Neumann bei seinem letzten großen Meisterwerk den vermeintlichen Hauptaltar mitten in den Raum gestellt hat. Von einer Schar lebensgroßer Figuren umringt, beschirmt der sogenannte Gnadenaltar jene Stelle, an der 1446 einem Schäfer die 14 Nothelfer erschienen und zu ihm sagten: »Wir wollen eine Kapelle haben.« Gemeinsam mit dem Jesuskind, das sich ihm bereits ein Jahr zuvor gezeigt hatte. Da man den Wunsch erfüllte, konnte eine todkranke Magd, die man kurz darauf dorthin brachte, gesund nach Hause zurückkehren. Ein Meer aus Votivgaben bezeugt, dass die Vierzehn auch heute gerne zur Nothilfe bereit sind.

Vorsicht, wenn Sie ein kleines Kind dabeihaben! Sprechen Sie vorab mit ihm über das nebenstehende Foto! Einst sollen sich die Bauerntölpel der Region den Spaß gemacht haben, ihre Sprösslinge mit dem Anblick des heiligen Dionysius zu Tode zu erschrecken. Weil der Missionar der Franzosen um 250 geköpft wurde, trägt er sein Haupt nicht auf dem Hals, sondern in der Hand. Ihn anzubeten hilft gegen Kopfschmerzen.

Adresse Wallfahrtsbasilika Vierzehnheiligen, Vierzehnheiligen 2, 96231 Bad Staffelstein-Vierzehnheiligen, www.vierzehnheiligen.de | **Öffnungszeiten** Sommer täglich 6.30–19 Uhr, Winter 7.30–17 Uhr, Konfession: katholisch, Gottesdienst: Sommer Mo–Sa 7 Uhr, Winter Mo 8 Uhr, Di–Sa 9 Uhr, So siehe Website | **Tipp** Von der anderen Seite des Gottesgartens, wie man das breite Maintal hier nennt, grüßt das pompöse Barockkloster Banz nach Vierzehnheiligen herüber.

110 St. Bonifatius

Im Kloster der optischen Täuschung

Der Platz, den sich ein frommer Geist um 1050 am südlichen Anstieg der Fränkischen Schweiz aussuchte, um dort ein Kloster zu gründen, zeugt von einem geringen Sinn fürs Praktische und mangelnder Ortskenntnis. Vielleicht haben sich die Heimatforscher deshalb auf einen Niederbayern namens Aribo eingeschossen. Diese Herkunft spricht – zumindest aus Sicht eines Franken – für das erforderliche Maß an Blödheit. Karge Böden und vor allem so viel Kalk im Brunnenwasser, dass es zu kaum etwas zu gebrauchen ist.

Das heutige, ob seiner Disharmonie einzigartige Erscheinungsbild jener Teile des Konvents, die ein Feuer Mitte des 19. Jahrhunderts übrig gelassen hat, stammen aus dessen letzter, einziger glückvoller Phase. 1554 hatten sich die Wittelsbacher das von nicht einmal einer Handvoll Mönchen bewohnte Kloster einverleibt, Weißenohe in die Oberpfalz eingegliedert und ihm ein wiederholtes Hin und Her zwischen Protestantismus und Calvinismus verordnet. 1661 kehrten die Benediktinermönche zurück und ließen eine der bedeutendsten Architektenfamilien ihrer Zeit, die Dientzenhofers, die alten Gemäuer mitsamt der Kirche überbauen. Das windschiefe, enge Tor, durch das man heute den Klosterhof betritt, war zur Blütezeit die Zufahrt für die Bauern. Der vermeintliche ehemalige Mönchstrakt, der sich links anschließt und die Gaststätte der 1806 privatisierten Klosterbrauerei beherbergt, ein Stadel mit Stall und Werkstätten. Auch in der Kirche fällt sofort auf, dass die Proportionen verschoben sind, der Raum einen Fehler hat. Das Auge weidet sich an der Pracht barocker Furnierholz-Altäre, aber das Gleichgewichtsorgan ist irritiert. Tatsächlich wurde das Gebäude 1850 vom Altarraum her um sechs Meter eingekürzt.

Bleibt zu erwähnen, dass sich das Problem mit dem Wasser erledigt hat. Die Klosterbrauerei Weißenohe ringt ihm ein Bier ab, das als Idealbeispiel eines fränkischen Landtrunks gilt.

Adresse Kloster und Kirche St. Bonifatius, Klosterstraße 20, 91367 Weißenohe, www.st-bonifatius-weissenohe.de | **Öffnungszeiten** täglich tagsüber frei zugänglich, Konfession: katholisch, Gottesdienste: siehe Website | **Tipp** Im nahen Gräfenberg lockt mit der Dreieinigkeitskirche das Musterbeispiel eines gotischen, im 17. Jahrhundert an die Erfordernisse des Protestantismus angepassten Gotteshauses.

111 Pirkenreuther Kapelle

Ein Feuer entzünde das nächste

Tief im Wald und nicht ganz leicht zu finden, bewahren die Gläubigen der Region Pottenstein-Pegnitz die Erinnerung daran, dass sich die Abfolge Predigen-gegen-den-Papst, Exkommunikation, persönliche-Verteidigung-ketzerischer-Thesen, Spaltung-der-Kirche und x-jähriger Krieg bei ihnen im Abstand von 200 Jahren auf eine frappierend gleiche Art zweimal abgespielt hat.

Fährt man von Pottenstein aus über Elbersberg nach Willenreuth und biegt dort nach Hollenberg ab, öffnet sich, die Straße ist längst zu einem Forstweg geworden, in einem Talgrund eine Lichtung. Rechts ein Kruzifix, links ein Trampelpfad. Er führt zu den in den 1920ern wieder sichtbar gemachten Umfassungsmauern einer Kirche. Man weiß aus einigermaßen sicherer Quelle: 1366 erstmals erwähnt, war sie einst das Ziel gewaltiger Pilgerströme. Im Februar 1430 überfiel das Heer der aus Böhmen kommenden Anhänger eines Predigers namens Jan Hus das Dorf Pirkenreuth, steckte es in Brand und tötete alle 68 Einwohner. Während des Gottesdienstes. Dass sie dem Pfarrer die Zunge herausrissen, ihm die Augen ausstachen und seinen Leib auf einen Pfahl steckten, könnte auch vom katholischen Propagandaapparat hinzugedichtet worden sein.

Was Fragen des Glauben und religiöse Traditionen betrifft, beginnt nur eineinhalb Autostunden östlich von Nürnberg eine andere Welt. Dort, in der Tschechischen Republik, erinnert in jedem noch so kleinen Dorf ein Denkmal an den um 1370 geborenen Prager Theologen Jan Hus. Die Reformvorschläge, mit denen er den Zorn Roms auf sich zog, nahmen in weiten Teilen die Ideen Luthers vorweg: Predigt in der Sprache des Volks, Übersetzung der Bibel, Kelchkommunion. Damit er sich 1414 auf dem Konzil zu Konstanz verteidigen konnte, sicherte ihm der deutsche König freies Geleit zu. Dennoch verbrannte man ihn dort auf dem Scheiterhaufen. Pirkenreuth ist nicht das einzige Dorf, an dem seine Hussiten Rache übten.

Adresse an der Ortsdurchfahrt durch 91257 Pegnitz-Willenreuth das Hinweisschild nach Hollenberg suchen; wo in einem Talgrund rechts ein Kruzifix steht, links dem Trampelpfad bergan folgen | **Öffnungszeiten** rund um die Uhr frei zugänglich, Konfession: katholisch, Gottesdienst: Karfreitag zum Abschluss eines Bittgangs aus Willenreuth | **Tipp** Auf der Burg des nahen Pottenstein erinnert ein Gedenkzimmer an die heilige Elisabeth von Thüringen, die sich dort 1227/28 versteckte.

1
HESSEN
Neuhof
Bischofsheim in der Rhön
Bad Neustadt a.d. Saale
Bad Soden-Salmünster
Wächtersbach
A66
Gründau
Bad Brückenau
Bad Königshofen
A7
Bad Kissingen
A71
Hammelburg
Schweinfurt
Haßfurt
Gemünden a. Main
Aschaffenburg
Lohr a. Main
Karlstadt
Werneck
A70
Main
A3
A7
Gerolzhofen
Marktheidenfeld
Würzburg
Dettelbach
Volkach
Erlenbach a. Main
Wertheim
Kitzingen
A3
BAYERN
Miltenberg
Ochsenfurt
Tauberbischofsheim
Amorbach
Walldürn
Neustadt a.d. Aisch
Lauda-Königshofen
Buchen (Odenwald)
Bad Mergentheim
A7
Bad Windsheim
A81
Rothenburg ob der Tauber
BADEN-WÜRTTEMBERG
Mosbach
Ansbach
Künzelsau
Bad Friedrichshall
A6
Neckarsulm
Öhringen
A6
Feuchtwangen
Weinsberg
Heilbronn
Obersulm
Crailsheim
Schwäbisch Hall
Dinkelsbühl
A81
A7
Gaildorf
Murrhardt
Ellwangen (Jagst)
Bietigheim-Bissingen
Backnang
Ludwigsburg
Welzheim
Bopfingen
1 2 3 4 5 6 7 8 9 10 11 12 13 14 15 16 17 18 19 20 22 23 24 25 26 27 28 29 30 31 32 33 34 35 36 37 38 39 41 42 43 44 45 53 66 83 85

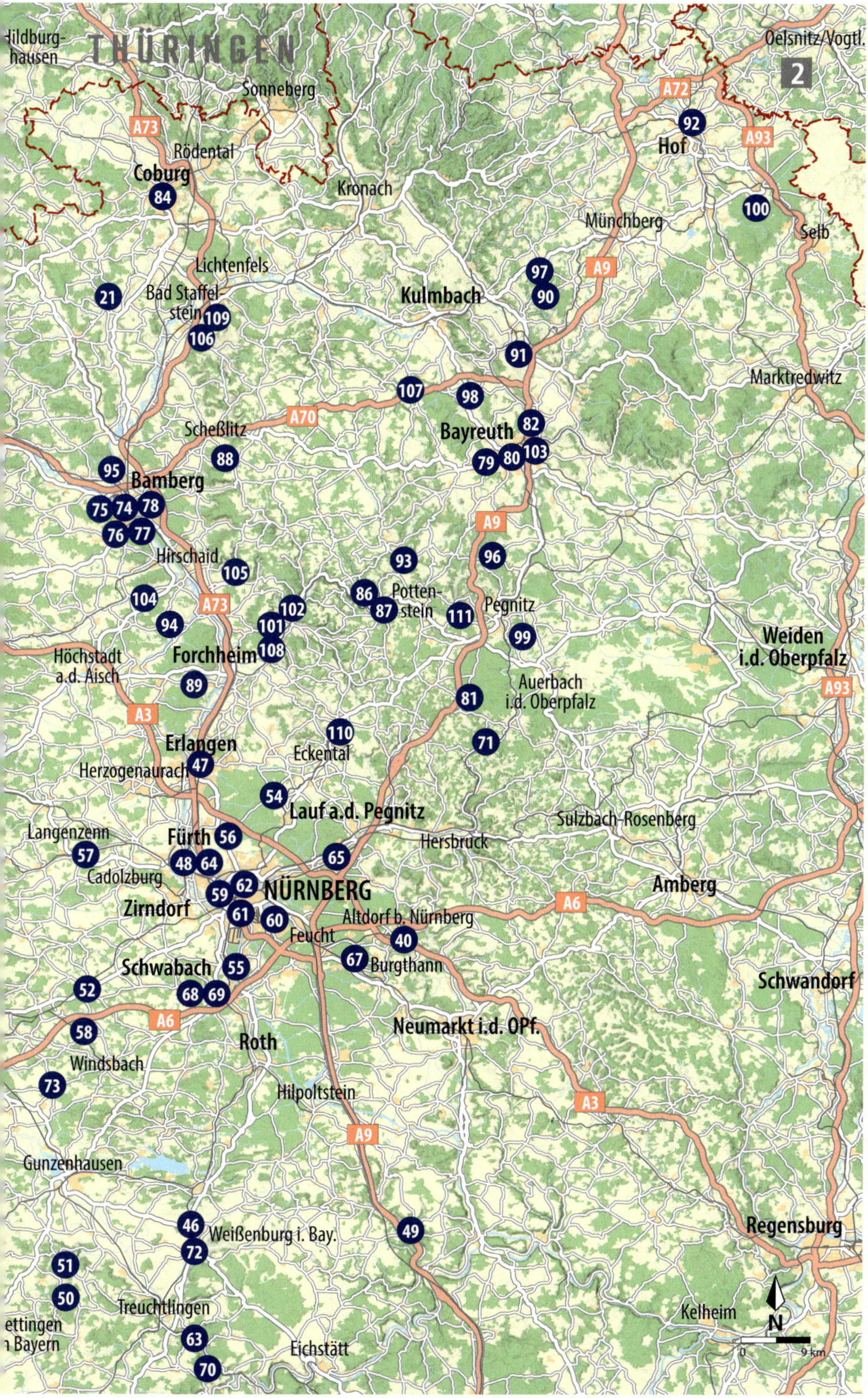
THÜRINGEN
2
Hildburg-
hausen
Sonneberg
Oelsnitz/Vogtl.
A72
92
Hof
A93
A73
Rödental
Coburg
84
Kronach
100
Münchberg
Selb
Lichtenfels
97
A9
90
21
Bad Staffel-
stein
109
106
Kulmbach
91
Marktredwitz
107
98
Scheßlitz
A70
82
Bayreuth
103
79
80
88
95
Bamberg
75
74
78
76
77
A9
Hirschaid
93
96
105
104
A73
102
86
Potten-
stein
87
111
Pegnitz
94
101
99
Weiden
i.d. Oberpfalz
Höchstadt
a.d. Aisch
Forchheim
108
89
Auerbach
i.d. Oberpfalz
81
A93
A3
110
71
Erlangen
Eckental
Herzogenaurach
47
54
Lauf a.d. Pegnitz
Sulzbach-Rosenberg
Langenzenn
Fürth
56
Hersbruck
57
48
64
65
Cadolzburg
Amberg
62
NÜRNBERG
59
Zirndorf
61
60
Altdorf b. Nürnberg
A6
Feucht
40
67
Burgthann
Schwabach
55
Schwandorf
52
68
69
Neumarkt i.d. OPf.
A6
58
Roth
Windsbach
73
Hilpoltstein
A3
A9
Gunzenhausen
46
49
Weißenburg i. Bay.
Regensburg
72
51
50
Treuchtlingen
Kelheim
N
ettingen
Bayern
63
Eichstätt
0
9 km
70

Martin Droschke, Norbert Krines
111 Fränkische Biere, die man getrunken haben muss
ISBN 978-3-95451-922-4

Martin Droschke, Norbert Krines
111 deutsche Craft Biere, die man getrunken haben muss
ISBN 978-3-7408-0338-4

Martin Droschke
111 Biere aus Altbayern und Bayerisch-Schwaben, die man getrunken haben muss
ISBN 978-3-7408-1069-6

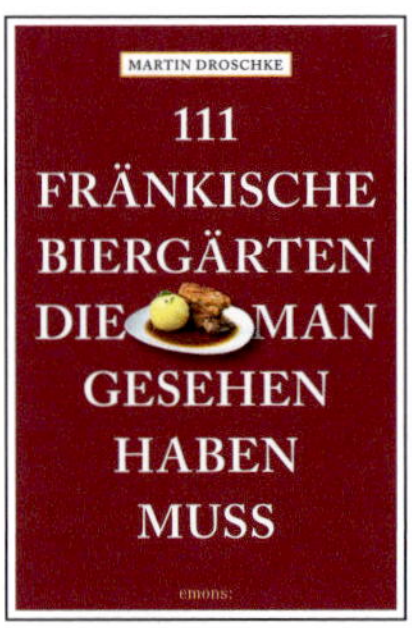

Martin Droschke
111 fränkische Biergärten, die man gesehen haben muss
ISBN 978-3-7408-0851-8

Werner Schwanfelder
111 Orte in Mittelfranken, die man gesehen haben muss
ISBN 978-3-7408-1171-6

Kerstin Söder
111 Orte im Fränkischen Seenland, die man gesehen haben muss
ISBN 978-3-7408-1072-6

Oliver Ultsch
111 Orte in und um Coburg, die man gesehen haben muss
ISBN 978-3-95451-923-1

Sabine Becht, Sven Talaron
111 Orte in und um Bamberg, die man gesehen haben muss
ISBN 978-3-7408-1186-0

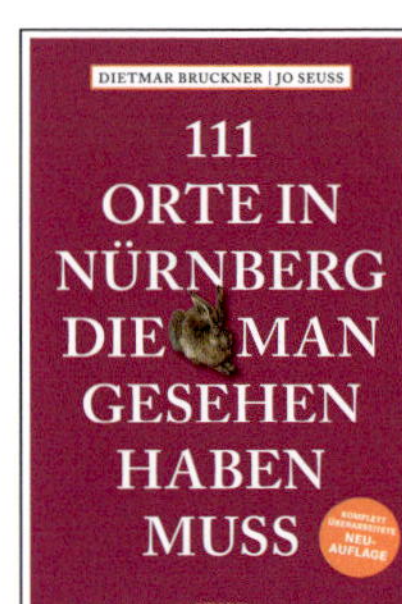

Dietmar Bruckner, Jo Seuß
111 Orte in Nürnberg, die man gesehen haben muss
ISBN 978-3-7408-1019-1

Lisa Graf-Riemann,
Ottmar Neuburger
111 Orte vom Wilden Kaiser bis zum Dachstein, die man gesehen haben muss
ISBN 978-3-7408-0138-0

Astrid Süßmuth
111 Orte im Werdenfelser Land, die man gesehen haben muss
ISBN 978-3-7408-0118-2

Julia Lorenzer, Fabian Marcher
111 Orte in Rosenheim und im Inntal, die man gesehen haben muss
ISBN 978-3-95451-735-0

Christine Hochreiter
111 Orte in und um Passau, die man gesehen haben muss
ISBN 978-3-7408-0733-7

Marko Roeske
111 Orte im Bayerischen Wald, die man gesehen haben muss
ISBN 978-3-7408-1184-6

Jochen Reiss
111 Orte im Fünfseenland, die man gesehen haben muss
ISBN 978-3-7408-1419-9

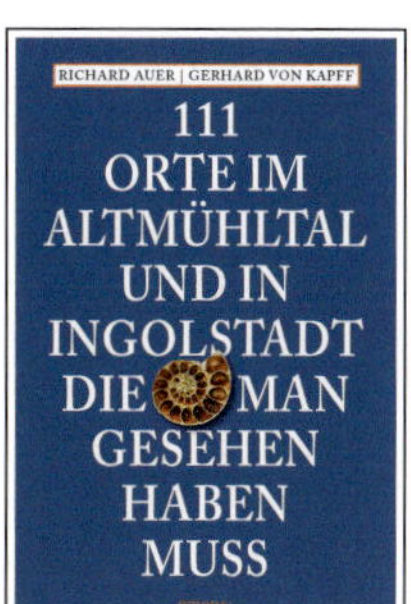

Richard Auer,
Gerhard von Kapff
111 Orte im Altmühltal und in Ingolstadt, die man gesehen haben muss
ISBN 978-3-7408-1472-4

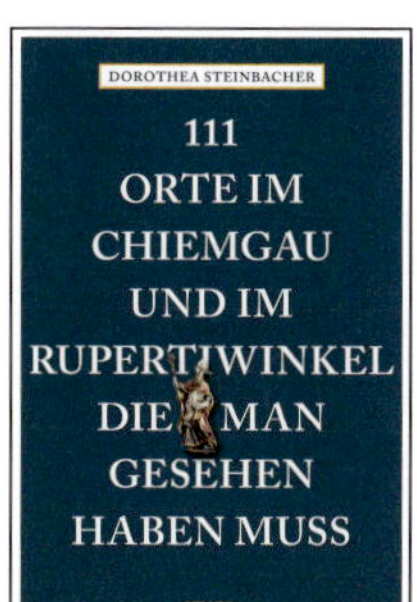

Dorothea Steinbacher
111 Orte im Chiemgau und im Rupertiwinkel, die man gesehen haben muss
ISBN 978-3-7408-1654-4

Lisa Graf-Riemann,
Ottmar Neuburger
111 Orte im Berchtesgadener Land, die man gesehen haben muss
ISBN 978-3-7408-1663-6

Reiner Vogel
111 Orte in Regensburg, die man gesehen haben muss
ISBN 978-3-95451-054-2

Thomas Baumann
111 Orte in der Kurpfalz, die man gesehen haben muss
ISBN 978-3-89705-891-0

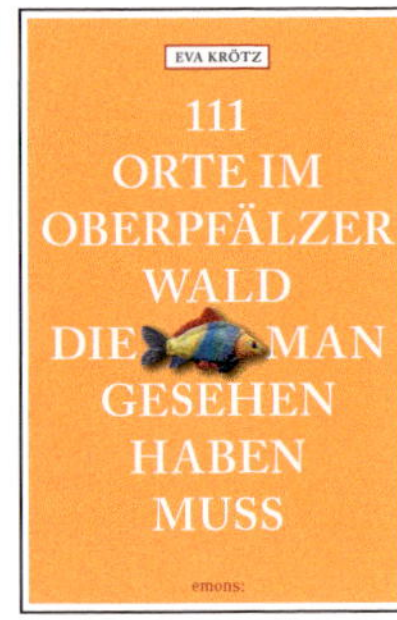

Eva Kroetz
111 Orte im Oberpfälzer Wald, die man gesehen haben muss
ISBN 978-3-7408-0331-5

Bernd Schinner
111 Orte im Fichtelgebirge, die man gesehen haben muss
ISBN 978-3-7408-0741-2

Jo Seuss
111 Orte in Fürth & Erlangen, die man gesehen haben muss
ISBN 978-3-7408-0724-5

Cornelia Ziegler
111 Orte im Allgäu, die man gesehen haben muss
ISBN 978-3-7408-1278-2

Bernhard Horsinka,
Renate Bugyi-Ollert
111 Orte in und um Würzburg, die man gesehen haben muss
ISBN 978-3-7408-1343-7

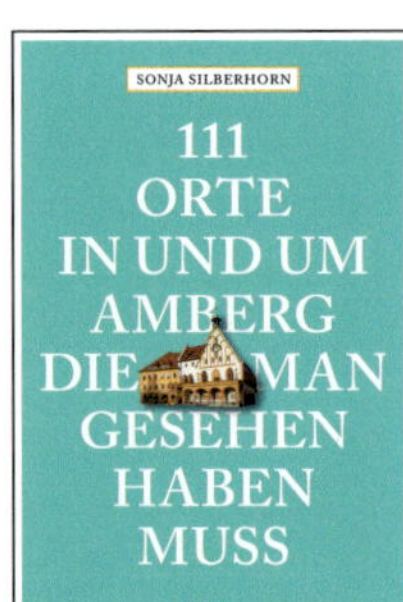

Sonja Silberhorn
111 Orte in und um Amberg, die man gesehen haben muss
ISBN 978-3-7408-1463-2

Astrid Süßmuth
111 Spukorte in und um München, die man gesehen haben muss
ISBN 978-3-7408-0336-0

Astrid Süßmuth
111 Almen und Hütten in Oberbayern, die man gesehen haben muss
ISBN 978-3-7408-0823-5

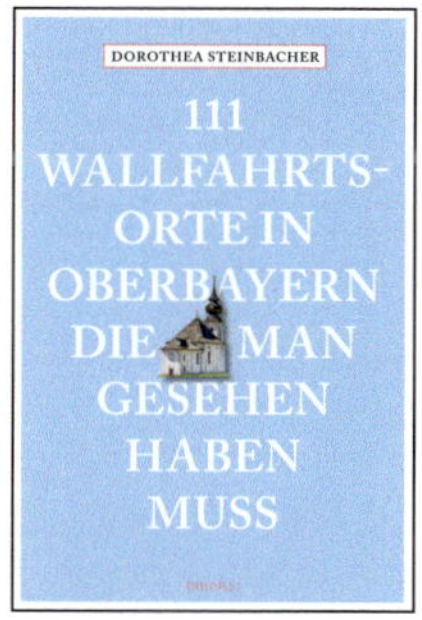

Dorothea Steinbacher
111 Wallfahrtsorte in Oberbayern, die man gesehen haben muss
ISBN 978-3-7408-1284-3

Reiner Vogel
111 Orte in Niederbayern, die man gesehen haben muss
ISBN 978-3-7408-1545-5

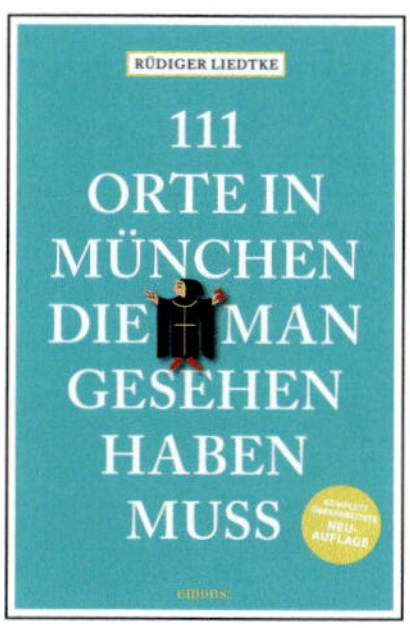

Rüdiger Liedtke
111 Orte in München, die man gesehen haben muss, Band 1
ISBN 978-3-7408-1298-0

Rüdiger Liedtke
111 Orte in München, die man gesehen haben muss, Band 2
ISBN 978-3-7408-1514-1

Rüdiger Liedtke
111 Orte in München auf den Spuren der Nazi-Zeit
ISBN 978-3-7408-0354-4

Cornelia Ziegler
111 Orte rund um München, die man gesehen haben muss
ISBN 978-3-7408-0437-4

Rüdiger Liedtke
111 Orte in München, die Geschichte erzählen
ISBN 978-3-7408-0876-1

Christian Gehl
111 Badeplätze in und um München, die man kennen muss
ISBN 978-3-7408-1423-6

Rüdiger Liedtke
111 Münchner Meisterwerke, die man gesehen haben muss
ISBN 978-3-7408-1297-3

Tim Frühling
111 Orte in der Rhön, die man gesehen haben muss
ISBN 978-3-7408-1605-6

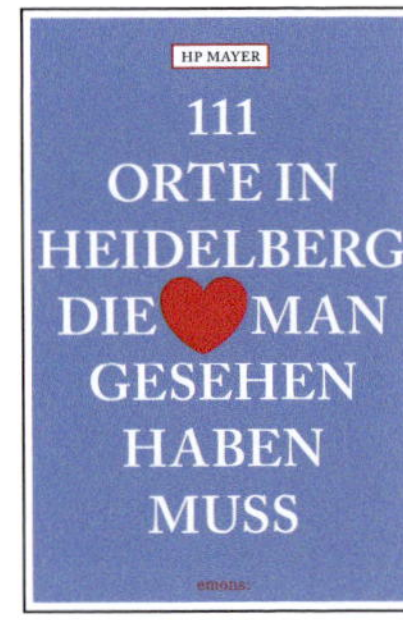

HP Mayer
111 Orte in Heidelberg, die man gesehen haben muss
ISBN 978-3-7408-0246-2

Cornelia Ziegler
111 Orte in und um Baden-Baden, die man gesehen haben muss
ISBN 978-3-7408-0134-2

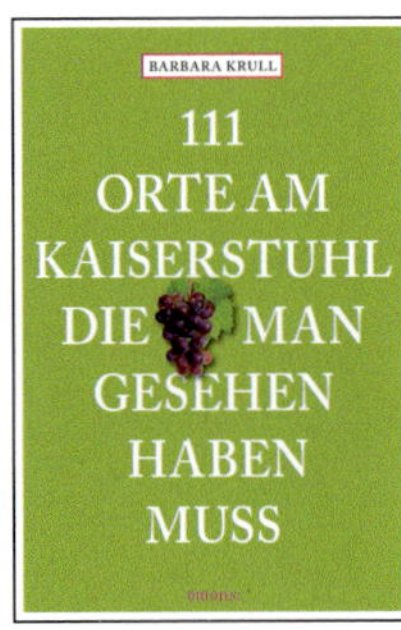

Barbara Krull
111 Orte am Kaiserstuhl, die man gesehen haben muss
ISBN 978-3-95451-562-2

Cornelia Lohs
111 Orte in Mannheim, die man gesehen haben muss
ISBN 978-3-7408-0554-8

Dietlind Castor
111 Orte am Bodensee, die man gesehen haben muss
ISBN 978-3-7408-1098-6

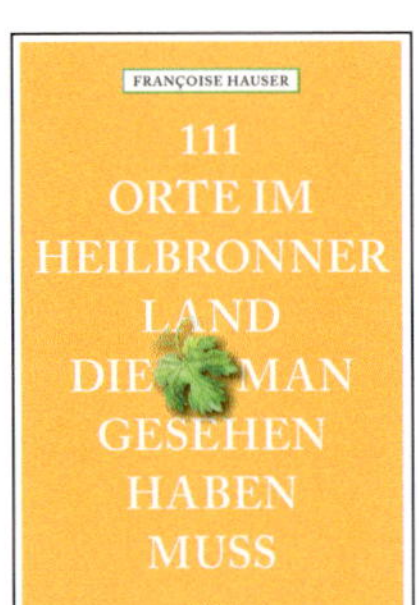

Françoise Hauser
111 Orte im Heilbronner Land, die man gesehen haben muss
ISBN 978-3-95451-842-5

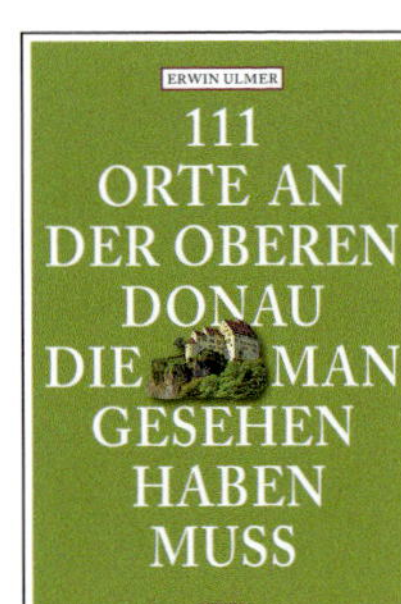

Erwin Ulmer
111 Orte an der oberen Donau, die man gesehen haben muss
ISBN 978-3-95451-494-6

Joachim Steiger,
Gertrud Steiger
111 Orte im Kraichgau, die man gesehen haben muss
ISBN 978-3-95451-232-4

Barbara Riess
111 Orte in Freiburg, die man gesehen haben muss
ISBN 978-3-7408-1073-3

Gabriele Kalmbach
111 Orte in Stuttgart, die man gesehen haben muss
ISBN 978-3-7408-0974-4

Matz Kastning, Stefanie Knebel
111 Orte in Konstanz, die man gesehen haben muss
ISBN 978-3-7408-1207-2

Erwin Ulmer
111 Orte in Ulm um Ulm und um Ulm herum, die man gesehen haben muss
ISBN 978-3-7408-1482-3

Gabriele Kalmbach
111 Orte im Stuttgarter Umland, die man gesehen haben muss
ISBN 978-3-7408-1651-3

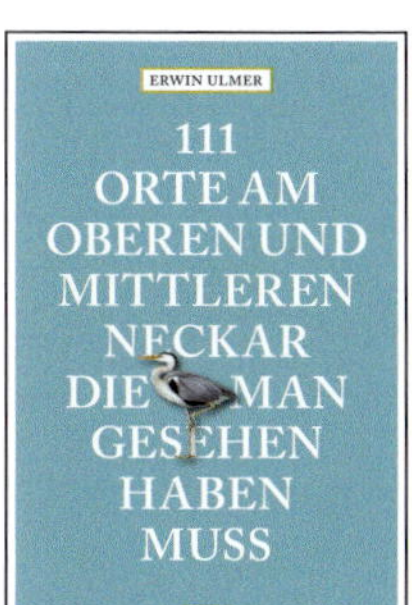

Erwin Ulmer
111 Orte am oberen und mittleren Neckar, die man gesehen haben muss
ISBN 978-3-7408-0364-3

Barbara Goerlich
111 Orte auf der schwäbischen Alb, die man gesehen haben muss
ISBN 978-3-7408-1303-1

Barbara Goerlich
111 Orte in und um Reutlingen, die man gesehen haben muss
ISBN 978-3-7408-1085-6

Martin Droschke arbeitete als Journalist und Literaturkritiker unter anderem für den »Tagesspiegel«, die »taz« und die »Süddeutsche Zeitung« und lebt heute als freier Werbetexter und Autor in Coburg. Er durchstreift bevorzugt Regionen, die zu Unrecht ins Abseits geraten sind, immer auf der Suche nach unscheinbaren Kuriositäten.